일본어 독해력 완성 프로그램
다락원 일한 대역문고

초급
7

日本のむかしばなし

齊藤明美 著

일본 옛날이야기

다락원

『일본 옛날이야기』를 집필하며…

누구나 어렸을 때 할머니나 어머니에게서 듣거나 또는 그림책을 읽어 잘 알고 있는 옛날이야기가 있을 겁니다.

이 책에 담은 「一寸法師」「かちかち山」와 「桃太郎」「かぐやひめ」는 일본의 헤이안 시대(平安時代:794~1185년경)와 무로마치 시대(室町時代:1336~1573년)라는 먼 옛날에 만들어져 지금까지 전해 내려오고 있는 일본의 대표적인 옛날이야기들입니다.

이들 이야기에는 용감함과 효성과 지혜로움 등이 그려져 있습니다. 「かぐやひめ」와 같이 달에서 온 아름다운 아가씨에 대한 불가사의하고 재미있는 이야기도 있습니다.

이번에 이들 이야기를 쓰면서 여러 그림책을 다시 읽어보았는데, 한 가지 재미있는 사실을 발견했습니다. 그것은 각각의 책이 줄거리가 조금씩 다르다는 것이었습니다. 먼 옛날부터 전해져 내려오면서 사람에 따라 지방에 따라 변화한 것 같습니다. 그래서 이 책은 제가 어렸을 때 어머니가 들려주신 이야기와 읽은 책을 토대로 썼습니다.

저는 지금, 일본의 옛날이야기를 한국 분들에게 전할 수 있어 너무 행복합니다.

이 책이 많은 분들에게 일본어 학습은 물론 일본의 옛날이야기를 접하는 기회가 되시길 진심으로 기원합니다.

일본 月み野에서
사이토 아케미

머리말

『다락원 일한 대역문고』 초급 시리즈는 기초가 약한 학습자들이 일본어 명문들을 즐겁고 효과적으로 읽으며 중급 수준으로 독해력을 발전시키는 것을 목표로 만들었습니다.

어느 정도 일본어의 구조를 익히고 난 초보 학습자가 가장 절실히 느끼는 어려움은 아마도 자연스런 일본어 표현능력과 어휘력의 부족일 것입니다. 초급에서 단문(短文)의 기본문형 연습만 하다가 갑자기 복문(複文), 중급 문형, 관용구 등이 속출하는 중급 교재로 건너뛰면서 학습에 흥미를 잃고 마는 것이 지금까지 일반 학습자들이 밟아온 전철이었기 때문입니다.

그런 점에서 현행 일본 초등학교 국어 교과서에 실린 명문을 비롯한 옛날이야기, 만담, 신화 등 다양한 장르의 이야기들로 구성된 『다락원 일한 대역문고』 시리즈는 쉽고 재미있게, 정확하고 자연스러운 일본어 문장을 익히는 데 좋은 길잡이가 되어 줄 것입니다.

『다락원 일한 대역문고』 시리즈는 사전 없이 편리하게 학습할 수 있도록, 어휘 풀이는 물론 주요 문형에 대한 자세한 해설과 예문을 함께 실었습니다. 본문의 대역은 어휘의 정확한 뜻 전달을 위해 의역(意譯)보다는 직역(直譯)에 가깝도록 했고, 원어민의 정확한 발음으로 녹음된 오디오로 듣기 능력 향상까지 함께 기대할 수 있습니다. 『다락원 일한 대역문고』 시리즈로 일본어를 읽고 듣는 재미를 느껴 보시기 바랍니다.

여러분의 일본어 학습에 도움이 되기를 바랍니다.

다락원 일한 대역문고 연구회

『다락원 일한 대역문고』 이렇게 보세요

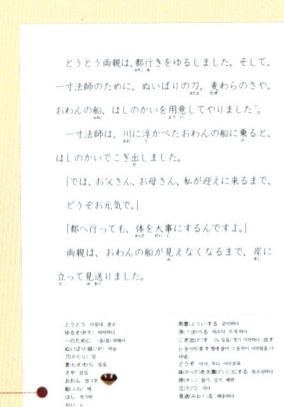

어휘 설명

자세한 해설과 함께, 히라가나로 실린 단어 중 한자를 알아두면 좋은 어휘에는 한자 표기를 병기했습니다.
사진 자료는 어휘 해설에 대한 빠르고 정확한 이해를 도와줍니다.

문형 해설

주요 문형의 뜻풀이와 접속을 예문과 함께 알기 쉽게 정리했습니다.

일러두기

일본어의 한국어 표기는 다음과 같습니다.
장음은 단음으로 표기했습니다. 예 大阪 — 오사카
발음 표기는 로마자 표기의 발음에 따랐습니다. 예 つかう(tsukau) — 츠카우
촉음은 'ㅅ'으로 표기했습니다.

CHECK UP

내용 이해와 더불어 중요 문형에 대한 학습이 깊어집니다.

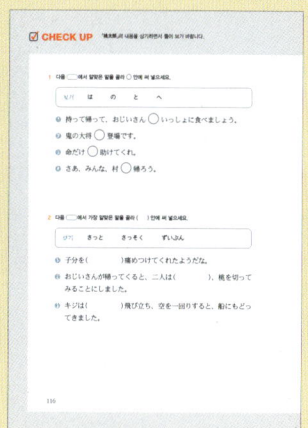

 MP3 파일
원어민 성우의 정확한 내레이션으로 듣는 즐거움도 쌓으세요.

문형 접속 해설에 쓰인 활용형의 설명은 다음과 같습니다.
ます형(연용형) ― ます가 붙기 이전의 형태
ない형 ― ない가 붙기 이전의 형태
て형・た형 ― 각각 て・た가 붙은 형태
な형용사な・명사の ― な형용사의 어간에 な가 붙은 형태, 명사에 の가 붙은 형태
동사・い형용사・な형용사의 기본형 ― 동사・い형용사는 사전에 실려 있는 형태, な형용사는 어간에 だ가 붙은 형태
보통형 ― 기본형, 부정형, 과거형, 과거부정형

목차

일본 옛날이야기

日本のむかしばなし

一寸法師
いっ すん ぼう し

昔々、ある村に、子どものいない夫婦がいました。
むかし むかし　　　　　　　むら　　　　　　　　　　　　　　ふう ふ

夫はとても働き者で、つまは心やさしい人がら
おっと　　　　はたら もの　　　　　　　こころ　　　　　ひと

でした。夫婦は二人きりでも、十分、幸せに暮して
　　　　　　　　ふたり　　　　　　じゅうぶん　しあわ　　　くら

いました[1]。

☐ ～寸(すん)　～치〈길이를 재는 단위로 약 3cm 임〉
☐ 昔々(むかしむかし)　옛날 옛적에, 옛날 옛날 에〈昔의 힘줌말〉
☐ ある　어느, 어떤
☐ 村(むら)　마을, 시골
☐ いる　있다〈생물의 존재〉 ↔ ある 있다〈무생물의 존재〉
☐ 夫婦(ふうふ)　부부

☐ 夫(おっと)　남편 ↔ つま(妻) 부인, 아내
☐ 働(はたら)き者(もの)　부지런한 사람
☐ 心(こころ)やさしい　마음이 상냥하다
☐ 人(ひと)がら　성품, 인품
☐ ～きり　～뿐, ～밖에
☐ ～でも(ても)　～(이)라도, ～(이)지만
☐ 十分(じゅうぶん)　충분(함)
☐ 幸(しあわ)せだ　행복하다
☐ 暮(くら)す　살다, 생활하다

옛날 옛적, 어느 마을에 자식이 없는 부부가 있었습니다.
　남편은 무척 부지런한 사람이고, 아내는 마음씨 상냥한 성품이었습니다.
부부는 둘뿐이었지만 충분히 행복하게 살고 있었습니다.

1　～ている　～(하)고 있다 [동사 て형+いる]
　어떤 동작이나 작용의 결과로서의 상태를 나타낸다.

　私(わたし)の友人(ゆうじん)は東京(とうきょう)でIT関係(アイティーかんけい)の
　仕事(しごと)をしています。 내 친구는 토쿄에서 IT 관련 일을 하고 있습니다.

でも、どうしても子どもがほしかったので、夫
婦は毎日、村の神社におまいりに行きました[2]。

「神様、どうかお願いします[3]。私たちに子どもを
さずけてください。たった一人でもかまいませ
ん[4]。どんな子どもでもかまいません。たとえ小
指*ほどの小さい子どもでもけっこうです。」

雨の降る日も風の強い日も、夏の日差しがギラ
ギラと照りつける日でも、夫婦は神様においのりを
し続けました。

- ☐ でも　그래도, 그러나, 하지만
- ☐ どうしても　아무래도, 어떡하든
- ☐ ほしい　갖고 싶다, 원하다
- ☐ 毎日(まいにち)　매일
- ☐ 神社(じんじゃ)　신사
- ☐ おまいりに行く　참배하러 가다
- ☐ 神様(かみさま)　신령님, 하느님
- ☐ どうか　부디, 아무쪼록
- ☐ 願(ねが)う　소원하다, 소망하다, 바라다
- ☐ さずける　내리다, 하사하다, 전수하다
- ☐ ～てください　～(해)주세요
- ☐ たった　오직, 오로지, 단
- ☐ たとえ～ても(でも)　설령(가령) ～(이)라도

- ☐ ～ほど　～정도, ～만큼
- ☐ けっこうだ　괜찮다, 좋다
- ☐ 降(ふ)る　(눈・비 등이) 내리다, 오다
- ☐ 強(つよ)い　강하다, 세다 ↔ よわい 약하다
- ☐ 夏(なつ)　여름 〈春(はる) 봄　秋(あき) 가을
  　冬(ふゆ) 겨울〉
- ☐ 日差(ひざ)し　햇볕
- ☐ ギラギラ　쨍쨍
- ☐ 照(て)りつける　내리쬐다
- ☐ (お)いのり(お祈り)　기도
- ☐ ～続(つづ)ける　(동사 ます형에 붙어) 계속 ～
  하다

하지만 아무래도 아이를 원했기 때문에, 부부는 매일 마을 신사에 참배 하러 갔습니다.

"신령님, 부디 부탁드립니다. 우리에게 아이를 점지해 주십시오. 단 한 명이라도 상관없습니다. 어떤 아이라도 상관없습니다. 설령 새끼손가락 정도로 작은 아이라도 괜찮습니다."

비가 오는 날에도 바람이 세찬 날에도, 여름의 햇볕이 쨍쨍 내리쬐는 날에도 부부는 신령님께 계속 기도했습니다.

2　**〜に行く(来る)　〜(하)러 가(오)다**　[동사 ます형+に行く]
주로 동작성 동사와 접속하여 그 동작을 하기 위해 간(온)다는 뜻을 나타낸다.

　きのう友(とも)だちと映画(えいが)を見(み)に行(い)った。
　어제 친구랑 영화를 보러 갔다.

3　**お〜する　〜하다, 〜(해) 드리다**　[お+동사 ます형+する]
상대방에게 자신의 동작을 낮추어 경의를 나타내는 겸양표현이다.

　こちらからお電話(でんわ)します。저희쪽에서 전화드리겠습니다.

4　**〜てもかまわない　〜해도 상관없다**
[동사 · い형용사 て형, な형용사로, 명사로+もかまわない]
'〜을 해도 지장 없다, 신경 쓰지 않는다'는 허가 · 허용의 뜻을 나타낸다.

　今(いま)来(き)てもかまわないよ。지금 와도 상관없어.

やがて、二人の願いがかなって、一人の男の子が生まれました。

しかし、この子は背たけが小指くらいしかありませんでした。手のひらに乗る小さな赤ちゃんをやさしくだいて、お母さんは言いました。

「体はこんなに小さいけれど、なんとかわいい赤ちゃんだこと。」

お父さんは言いました。

「この子は、村のだれよりも元気な声で笑っているよ。今は小さいけれど、きっと、たくさんご飯を食べて、大きく育ってくれるだろう。」

二人は、この赤ちゃんに一寸法師という名前をつけて、それはそれは、大切に育てました。

마침내 두 사람의 소원이 이루어져 남자아이 하나가 태어났습니다.

그러나 이 아이는 키가 새끼손가락 정도밖에 되지 않았습니다. 손바닥에 놓인 작은 아기를 부드럽게 안으며 어머니는 말했습니다.

"몸은 이렇게 작지만 얼마나 귀여운 아기예요."

아버지는 말했습니다.

"이 아이는 마을의 누구보다도 건강한 소리로 웃고 있어. 지금은 작지만 분명 밥을 많이 먹고 크게 자라 줄 거야."

두 사람은 이 아기에게 잇슨보시라는 이름을 붙이고 정말로 소중히 키웠습니다.

□ やがて 마침내, 드디어	□ なんと〜こと 얼마나 〜예요 〈감동을 나타냄〉
□ かなう (소원 등이) 이루어지다	□ 〜よりも 〜보다도 〈비교를 나타냄〉
□ 生(う)まれる 태어나다	□ 元気(げんき)だ 건강하다, 활발하다
□ しかし 그러나, 하지만	□ 声(こえ) (목)소리
□ 背(せ)たけ 키	□ 笑(わら)う 웃다
□ 〜くらいしか 〜정도밖에	□ きっと 분명, 반드시
□ 手(て)のひら 손바닥	□ たくさん 많음
□ 乗(の)る 타다, 오르다 〈조사 に를 취함〉	□ 育(そだ)つ 자라다
□ 赤(あか)ちゃん 갓난아기	□ 〜という 〜(이)라는
□ やさしい 상냥하다, 친절하다	□ 名前(なまえ)をつける 이름을 붙이다
□ だく(抱く) 안다, 품다	□ それはそれは 정말, 참으로, 매우
□ 体(からだ) 몸, 신체	□ 大切(たいせつ)だ 소중하다, 중요하다
□ 〜けれど 〜(이)지만 =けれども	□ 育(そだ)てる 키우다, 양육하다

一寸法師は親思いで、心やさしく、かしこい子どもに育ちました。

何歳になっても⁵、体は小さいまま⁶でしたが、村のどんな子どもよりも元気でした。

身が軽くてすばしこい一寸法師は、十五歳になったある日、村で一番高い木に登りました。

「うわあ、ずいぶん遠くまで見えるなぁ。」

村の真ん中を通っている川が、はるかかなたまで流れているのが見えました。

- 親思(おやおも)い　효성이 지극함, 또는 그런 사람
- かしこい(賢い)　영리하다, 현명하다
- 身(み)が軽(かる)い　몸이 가볍다
- すばしこい　날렵하다, 재빠르다
- 一番(いちばん)　가장, 제일
- 木(き)　나무
- 登(のぼ)る　오르다
- うわあ　와, 야 〈놀라거나 감탄했을 때 내는 소리〉
- ずいぶん　상당히, 매우, 꽤
- 遠(とお)く　먼곳 ↔ 近(ちか)く 가까운 곳
- ~まで　~까지
- 見(み)える　보이다
- ~な(あ)　~(이)구나 〈감탄·영탄을 나타냄〉
- 真(ま)ん中(なか)　한가운데
- 通(とお)る　통과하다, 지나다
- 川(かわ)　강, 하천
- はるかかなた　아득히 멀리
- 流(なが)れる　흐르다, 흘러가다, 떠내려가다

잇슨보시는 효성이 지극하고 마음이 상냥하며 슬기로운 아이로 자랐습니다.

몇 살이 되어도 몸은 작은 그대로였지만 마을의 어느 아이보다도 건강했습니다.

몸이 가볍고 날렵한 잇슨보시는 열다섯 살이 된 어느 날 마을에서 가장 높은 나무에 올랐습니다.

"와~, 꽤 멀리까지 보이는구나."

마을의 한가운데를 지나고 있는 강이 아득히 멀리까지 흐르고 있는 것이 보였습니다.

5   **～なる   ～이(가) 되다, ～어지다**
[い형용사 어간＋くなる, な형용사 어간 · 명사＋になる]
상태의 변화를 나타낸다.

むすめはもう大学生(だいがくせい)になりました。 딸은 벌써 대학생이 되었습니다.

6   **～まま   ～(인) 채, ～한 채**
[동사 た형, い형용사 기본형, な형용사な, 명사の＋まま]
어떤 상태가 변함없이 그대로 계속 되고 있음을 나타낸다.

めがねをかけたまま眠(ねむ)ってしまいました。 안경을 쓴 채 잠들고 말았습니다.

その夜、一寸法師は両親にたずねました。

「あの川は、どこまで続いているんですか？」

お父さんは答えました。

「山の向こうまでだよ。」

「山の向こうには何があるんですか？」

「京の都だよ。」

「都には何があるんですか？」

「大きな寺やお屋しきがあって、たくさんの人が

住んでいるんだよ。」

- ☐ 夜(よる) 밤
- ☐ 両親(りょうしん) 양친, 부모
- ☐ たずねる 묻다, 여쭙다
- ☐ 続(つづ)く 이어지다
- ☐ ～んだ ～(인) 것이다 〈～のだ의 회화체〉
- ☐ 答(こた)える 대답하다
- ☐ 向(む)こう 건너편, 맞은편

- ☐ ～よ ～지, ～야 〈강조·강한 확신·주장 등을 나타냄〉
- ☐ 京(きょう) 京都(きょうと)를 말함
- ☐ 都(みやこ) 수도 〈여기서는 京都를 말함〉
- ☐ 寺(てら) 절
- ☐ 屋(や)しき 저택
- ☐ 住(す)む 살다

18

그날 밤, 잇슨보시는 부모님에게 물었습니다.

"그 강은 어디까지 이어지고 있습니까?"

아버지는 대답했습니다.

"산 저편까지지."

"산 저편에는 무엇이 있나요?"

"수도가 있지."

"수도에는 무엇이 있나요?"

"커다란 절과 저택이 있고, 많은 사람이 살고 있지."

19

一寸法師の心は、都へのあこがれでいっぱいになりました。

　「お父さん、お母さん。私は都へまいります。都に出たら、さむらいになって、出世します。そして、お二人を迎えに来ます。」

　両親は、おどろいて、一寸法師を引き止めました。けれども、一寸法師の決心は変わりませんでした。

☐ あこがれ　동경 〈あこがれる 동경하다〉
☐ いっぱいになる　가득 차다
☐ まいる(参る)　가다, 오다 〈行く・来る의 정중어〉
☐ さむらい　무사
☐ 出世(しゅっせ)する　출세하다
☐ そして　그리고, 그리고 나서

☐ 迎(むか)えに来(く)る　맞이하러 오다
☐ おどろく(驚く)　놀라다
☐ 引(ひ)き止(と)める　만류하다, 말리다
☐ けれども　그러나, 그렇지만, 하지만
☐ 決心(けっしん)　결심
☐ 変(か)わる　변하다, 바뀌다

잇슨보시의 마음은 수도에 대한 동경으로 가득 찼습니다.

"아버지, 어머니. 저는 수도에 가겠습니다. 수도로 나가면 무사가 되어 출세하겠습니다. 그리고 나서 두 분을 모시러 오겠습니다."

부모님은 놀라 잇슨보시를 말렸습니다. 하지만 잇슨보시의 결심은 변하지 않았습니다.

とうとう両親は、都行きをゆるしました。そして、一寸法師のために、ぬいばりの刀、麦わらのさや、おわんの船、はしのかいを用意してやりました[7]。

　一寸法師は、川に浮かべたおわんの船に乗ると、はしのかいでこぎ出しました。

　「では、お父さん、お母さん、私が迎えに来るまで、どうぞお元気で。」

　「都へ行っても、体を大事にするんですよ。」

　両親は、おわんの船が見えなくなるまで、岸に立って見送りました。

☐ とうとう　마침내, 결국
☐ ゆるす(許す)　허락하다
☐ 〜のために　〜을(를) 위해서
☐ ぬいばり(縫い針)　바늘
☐ 刀(かたな)　칼
☐ 麦(むぎ)わら　밀짚
☐ さや　칼집
☐ おわん　밥그릇
☐ 船(ふね)　배
☐ はし　젓가락
☐ かい　노

☐ 用意(ようい)する　준비하다
☐ 浮(う)かべる　띄우다, 뜨게 하다
☐ こぎ出(だ)す　(노 등을) 젓기 시작하다 〈出す는 동사의 ます 형에 붙어 그 동작이 시작됨을 나타냄〉
☐ どうぞ　어서, 부디, 아무쪼록
☐ 体(からだ)を大事(だいじ)にする　몸조심하다
☐ 岸(きし)　물가, 강가, 해변
☐ 立(た)つ　서다
☐ 見送(みおく)る　배웅하다

마침내 부모님은 수도행을 허락했습니다. 그리고 잇슨보시를 위해 바늘 칼, 밀짚 칼집, 밥그릇 배, 젓가락 노를 준비해 주었습니다.

잇슨보시는 강에 띄운 밥그릇 배를 타자 젓가락 노로 젓기 시작했습니다.

"그럼, 아버지, 어머니, 제가 모시러 올 때까지 부디 건강하세요."

"수도에 가도 몸조심해야 한다."

부모님은 밥그릇 배가 보이지 않을 때까지 강가에 서서 배웅했습니다.

7 **～てやる ～해 주다** [동사 て형+やる]

'상대방에게 무엇을 해 주다'라는 뜻을 나타내는데, 동년배나 손아랫사람에게 쓴다.

あたたかい手(て)ぶくろを買(か)ってやりました。 따뜻한 장갑을 사 주었습니다.

23

おわんの船は、岩にぶつかったり⁸、波でひっくり返りそう⁹になったりしながら¹⁰、何十日もかけて、大きな川を進んでいきました。

そして、一寸法師はついに都にたどり着きました。

都は、一寸法師が思っていたよりも、ずっと大きく、ずっとにぎやかな所でした。岸に上がった一寸法師は、そのあたりで一番大きなお屋しきの前で立ち止まりました。そこは、三条の大臣*のお屋しきでした。

☐ 岩(いわ) 바위
☐ ぶつかる 부딪히다
☐ 波(なみ) 파도, 물결
☐ ひっくり返(かえ)る 뒤집히다
☐ かける (돈・시간・수고 등을) 들이다
☐ 進(すす)む 나아가다, 전진하다
☐ ついに 마침내, 드디어

☐ たどり着(つ)く (우여곡절 끝에) 이르다, 다다르다, 도착하다, 닿다
☐ ずっと 훨씬
☐ にぎやかだ 북적거리다, 붐비다, 번화하다
☐ 上(あ)がる 오르다, 올라가다
☐ あたり 주변, 부근
☐ 立(た)ち止(ど)まる 멈춰 서다

24

밥그릇 배는 바위에 부딪히기도 하고, 물결에 뒤집힐 듯 하면서 몇십 일이나 걸려 커다란 강을 나아갔습니다.

그리하여 잇슨보시는 마침내 수도에 다다랐습니다.

수도는 잇슨보시가 생각했던 것보다도 훨씬 크고 훨씬 번화한 곳이었습니다. 강가에 오른 잇슨보시는 그 주변에서 가장 큰 저택 앞에 멈춰 섰습니다. 그곳은 산조 대신의 저택이었습니다.

8 **~たり~たりする   ~(하)거나 ~(하)거나 하다**
[동사 た형+り~+동사 た형+りする]
여러 동작이나 상태를 나열할 때 쓴다.

日曜日(にちようび)は友(とも)だちと食事(しょくじ)をしたり、映画(えいが)を見(み)たりしました。 일요일에는 친구와 식사를 하거나 영화를 보거나 했습니다.

9 **~そうだ   ~한 것 같다, ~같이 보인다, ~듯하다**
[동사 ます형, い형용사 · な형용사의 어간＋そうだ]
말하는 사람이 보거나 들은 것을 근거로 하여 추측과 느낌을 말할 때 쓴다.

泣(な)きそうな顔(かお)をしている。 울 것 같은 얼굴을 하고 있다.

10 **~ながら   ~면서** [동사 ます형+ながら]
두 가지 또는 세 가지 이상의 동작이 동시에 이루어지고 있음을 나타낸다.

いつも音楽(おんがく)を聞(き)きながら勉強(べんきょう)をしています。
항상 음악을 들으면서 공부하고 있습니다.

★ **大臣(だいじん)**
일본 고대 율령체제 하에서의 최고 관직을 일컫는 말로, 太政大臣(だいじょうだいじん), 左大臣(さだいじん), 右大臣(うだいじん)을 가리킨다.

「どうか私を家来にしてください。たとえ体は小さくても、だれよりも元気です。だれよりも一生けん命に、大臣におつかえします。」

三条の大臣は、一寸法師があまりにも小さいので、びっくりしました。けれども、一寸法師の熱意に心を打たれて、家来にしてやることにしました[11]。

大臣の家には、十三歳になるおひめ様がいました。

一寸法師は、おひめ様のけいご係をおおせつかりました。おひめ様のお話相手になって、お出かけの時には、どこでもおともをする仕事です。

- どうか　부디, 아무쪼록
- 家来(けらい)　가신, 신하, 부하
- 一生(いっしょう)けん命(めい)に　열심히, 목숨 걸고
- つかえる　모시다, 받들다
- あまりにも　너무나도
- びっくりする　놀라다
- 熱意(ねつい)　열의
- 心(こころ)を打(う)たれる　감동하다, 감동받다
- おひめ(ひめ)様(さま)　아가씨, 따님 〈ひめは 신분이 높은 사람의 딸이나, 다른 말에 붙어 여성임을 나타냄〉
- けいご係(がかり)(警護係)　경호 담당 〈係는 ~을 담당하는 사람을 일컬음〉
- おおせつかる　분부를 받다, 지시를 받다 〈言(い)いつかる의 높임말〉
- お話(はなし)相手(あいて)　이야기(말) 상대
- (お)出(で)かけ　외출
- (お)ともをする　함께하다, 시중들다

26

"부디 저를 신하로 삼아 주십시오. 비록 몸은 작아도 누구보다도 건강합니다. 누구보다도 열심히 대신을 모시겠습니다."

산조 대신은 잇슨보시가 너무나도 작아서 깜짝 놀랐습니다. 하지만 잇슨보시의 열의에 감동하여 가신으로 삼아 주기로 했습니다.

대신의 집에는 열세 살이 되는 따님이 있었습니다.

잇슨보시는 아가씨의 경호 담당을 분부받았습니다. 아가씨의 이야기 상대가 되고, 외출하실 때에는 어디든지 모시고 가는 일입니다.

---

11 ～ことにする ～(하)기로 하다 [동사 기본형·부정형+ことにする]

자신의 의지로 어떤 결정을 내렸음을 나타낸다.

夏休(なつやす)みにはやっぱりヨーロッパに行(い)くことにしました。
여름 방학에는 역시 유럽에 가기로 했습니다.

おひめ様は、一寸法師がすっかり気に入って、読み書きを教えてくれました。かしこい一寸法師は、教えられたことをどんどん身につけていきました。難しい書物も、すぐに読めるようになりました[12]。また、はりの刀で、けんどうの練習をすることも忘れませんでした。

　「体は小さくても、一寸法師はりっぱなさむらいだ。私の目に、まちがいはなかった。」

　三条の大臣は、一寸法師をますますたよりにするようになりました。

□ すっかり　완전히, 모두
□ 気(き)に入(い)る　마음에 들다
□ 読(よ)み書(か)き　읽고 쓰기
□ どんどん　점점, 부쩍부쩍
□ 身(み)につける　몸에 익히다
□ 難(むずか)しい　어렵다
□ 書物(しょもつ)　서적
□ すぐに　곧, 금방

□ けんどう　검도
□ 練習(れんしゅう)　연습
□ 忘(わす)れる　잊다, 잊어 버리다
□ りっぱだ　훌륭하다, 멋지다
□ まちがい(間違い)　틀림, 잘못됨, 실수
□ ますます　점점, 더욱더
□ たよりにする　믿고 의지하다, 기대다

아가씨는 잇슨보시가 너무나 마음에 들어, 읽고 쓰기를 가르쳐 주었습니다. 영리한 잇슨보시는 배운 것을 점점 몸에 익혀 갔습니다. 어려운 서적도 금방 읽을 수 있게 되었습니다. 또 바늘 칼로 검도 연습을 하는 것도 잊지 않았습니다.

"몸은 작아도 잇슨보시는 훌륭한 무사다. 내 눈이 틀림없었다."

산조 대신은 잇슨보시를 더욱더 믿음직스럽게 여기게 되었습니다.

---

12 ～ようになる ～게 되다 [동사 기본형·부정형+ようになる]
상태의 변화를 나타낸다.

日本語(にほんご)が話(はな)せるようになりました。
일본어를 말할 수 있게 되었습니다.

何年かたって、花がさきみだれる春の日、おひめ
様は清水寺におまいりにいくことになりました[13]。

　そのころ、都では、らんぼう者の鬼が現れて、若
くて美しいむすめたちをさらっていくというさわ
ぎが、あちこちで起こっていました。

　おひめ様にもしものこと*があってはいけないの
で、大臣の家来の中でも、力じまん*のさむらいた
ちが集められました。

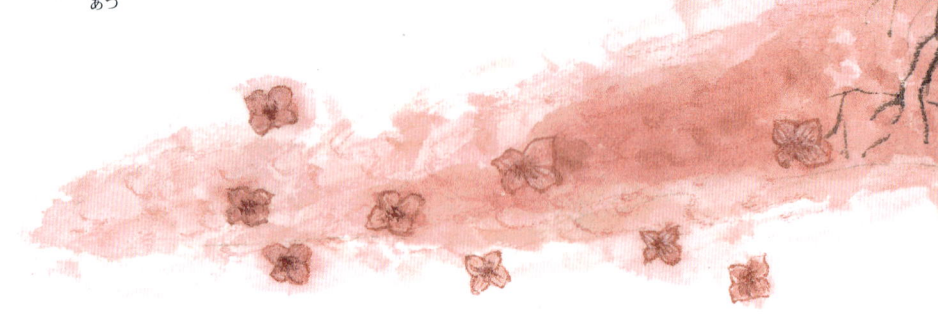

□ たつ(経つ) (시간 등이) 지나다, 경과하다
□ さきみだれる(咲き乱れる) (꽃이) 흐드러지게 피다
□ 清水寺(きよみずでら) 798년 교토에 세워진 절로 벚꽃 경관이 아름다운 것으로 유명함
□ らんぼう者(もの) 난폭한 사람
□ 鬼(おに) 도깨비, 귀신
□ 現(あらわ)れる 나타나다
□ 若(わか)い 어리다, 젊다

□ さらう 채다, 날치기하다
□ さわぎ(騒ぎ) 소동, 소란
□ 起(お)こる 일어나다, 발생하다
□ ～てはいけない ～(해)서는 안 된다〈금지를 나타냄〉
□ 力じまん(自慢) 힘에 자신이 있음, 또는 그런 사람
□ 集(あつ)める 모으다

몇 년인가 지나고 꽃이 흐드러지게 핀 봄날, 아가씨는 키요미즈데라에 참배하러 가게 되었습니다.

그 무렵, 수도에는 난폭한 도깨비가 나타나 젊고 아름다운 처녀들을 납치해 간다는 소동이 여기저기에서 일어나고 있었습니다.

아가씨에게 만일의 일이 일어나서는 안 되기 때문에 대신의 신하 중에서도 힘에 자신이 있는 무사들이 모여졌습니다.

---

13 ~ことになる ~(하)게 되다 [동사 기본형 · 부정형+ようになる]
자신이 정한 것이 아니라, 국가 · 단체 · 학교 · 회사 등이 결정한 일임을 나타낸다.

その学会(がっかい)で私(わたし)も発表(はっぴょう)することになると思(おも)います。 그 학회에서 나도 발표하게 될 것 같습니다.

★ **もしものこと 혹시나 하는 일, 만일의 경우**

今(いま)父(ちち)にもしものことがあったら困(こま)ります。
지금 아버지에게 혹시나 하는 일이 생기면 곤란합니다.

★ **~じまん ~자랑**

のどじまん 노래자랑   **お国(くに)じまん** 고향 자랑

「私もおともさせてください¹⁴。」

一寸法師も、名乗り出ました。
なの で

体の大きな家来たちは、一寸法師を笑いました。
からだ　　　　　　けらい　　　　　　　　　　　　わら

「そんな小さな体で、どうやっておひめ様を守る
からだ　　　　　　　　　　　　　　　　　　　まも

んだ？」

しかし、一寸法師は負けません。
ま

「体は小さくても、勇気は家来の中で一番ですよ。
ゆうき　　　　　　　　　いちばん

つるぎの練習も毎日しています。」
れんしゅう　　まいにち

それを聞いた三条の大臣は、一寸法師がおとも
き　　　さんじょう　だいじん

することをゆるしました。

☐ 名乗(なの)り出(で)る 이름을 대며 나서다　☐ 勇気(ゆうき) 용기
☐ 守(まも)る 지키다, 보호하다　　　　　　☐ つるぎ 검
☐ 負(ま)ける 지다, 패하다

"저도 함께하게 해 주십시오."

잇슨보시도 이름을 대며 나섰습니다.

몸이 큰 신하들은 잇슨보시를 비웃었습니다.

"그렇게 작은 몸으로 어떻게 아가씨를 지킬 것이냐?"

하지만 잇슨보시는 지지 않습니다.

"몸은 작아도 용기는 신하 중에서 제일입니다. 검술 연습도 매일 하고 있습니다."

그 말을 들은 산조 대신은 잇슨보시가 함께하는 것을 허락했습니다.

---

14 **～(さ)せてください ～(하)게 해 주세요** [동사 사역형＋てください]
상대방에게 허가를 구할 때 쓰는 표현으로 매우 공손한 느낌을 준다.

私(わたし)もぜひ参加(さんか)させてください。
저도 꼭 참가하게 해 주세요(저도 꼭 참가시켜 주세요).

おひめ様の行列は、清水寺に到着しました。一
寸法師は、ずっとおひめ様のそばをはなれずに[15]、
周囲に目を配っていました。

無事おまいりをすませた帰り道、木のかげから
とつぜん、鬼が現れました。

力じまんの家来たちは、次々と鬼に飛びかかり
ました。けれども、大きな手でえり首をつかまれて、
たちまち投げ飛ばされてしまいました[16]。

気がつくと、おひめ様のそばにいるのは、一寸
法師ただ一人でした。

□ 行列(ぎょうれつ) 행렬
□ 到着(とうちゃく)する 도착하다
□ ずっと 쭉, 계속, 훨씬
□ そば 곁, 옆
□ はなれる(離れる) 떨어지다, 떠나다
□ 周囲(しゅうい) 주위
□ 目(め)を配(くば)る 주의해서 살피다
□ 無事(ぶじ) 무사(함)
□ すませる 마치다, 끝내다
□ 帰(かえ)り道(みち) 귀가길, 돌아오는 길

□ 木(き)のかげ 나무 그늘
□ とつぜん 돌연, 갑자기
□ 次々(つぎつぎ)と 차례차례, 잇따라
□ 飛(と)びかかる 덤벼들다, 대들다
□ えり首(くび) 목덜미
□ つかまれる 잡히다 〈つかむ의 수동형〉
□ たちまち 순식간에, 눈 깜짝할 사이에
□ 投(な)げ飛(と)ばされる (멀리) 던져지다, 내던져지다 〈投げ飛ばす의 수동형〉
□ 気(き)がつく 정신을 차리다

34

아가씨의 행렬이 키요미즈데라에 도착했습니다. 잇슨보시는 계속 아가씨의 옆을 떠나지 않고 주위를 살폈습니다.

무사히 참배를 마친 귀가길에 나무 그늘에서 갑자기 도깨비가 나타났습니다.

힘을 자랑하던 신하들은 차례차례 도깨비에게 덤벼들었습니다. 하지만 커다란 손으로 목덜미를 잡혀 순식간에 내동댕이쳐지고 말았습니다.

정신을 차리니 아가씨의 옆에 있는 것은 잇슨보시 단 한 명이었습니다.

15 ～ずに　～(하)지 않고 [동사 ない형+ずに]
부정을 나타내는 표현으로, 회화에서는 ～ないで라고 한다. する는 せず, くる는 こず가 된다.

彼(かれ)はかばんも持(も)たずに飛(と)び出(だ)して行(い)った。
그는 가방도 가져가지 않고 뛰어나갔다.

16 ～てしまう　～(해) 버리다, ～(하)고 말다 [동사 て형+しまう]
유감·후회 등의 감정을 나타낸다. 문맥에 따라 어떤 동작의 과정이 완료되었거나 현재 어떤 상태에 있음을 나타내기도 한다. 회화에서 ～ちゃう로 발음되기도 한다

そんなに食(た)べたらお腹(なか)をこわしてしまうよ。
그렇게 먹으면 배탈 나고 말거야.

「これはこれは、美しいひめじゃないか。連れて

帰って、おれさまの身の回りの世話をさせよう。」

鬼がおそろしい笑いをうかべました。

「何を言う！ おひめ様に指一本ふれさせないぞ。

今度は私が相手だ！」

一寸法師は鬼の足もとに立ちふさがりました。

「何者だ？ いったいどこから声がするんだ？」

鬼はきょろきょろ見回しました。

「ここだ。お前の足もとだ。」

一寸法師は大声で言いました。鬼は、一寸法師

を見下ろして大笑いしました。

「そんな小さな体で、おれ様に勝てると思うのか。」

鬼は、一寸法師を太い指でつまみ上げました。

"아니 이거, 아름다운 처녀가 아닌가. 데리고 돌아가서 이 어르신의 신변을 시중들게 하자."

도깨비가 무서운 웃음을 띠었습니다.

"무슨 소리냐! 아가씨에게 손가락 하나 대지 못하게 하겠다. 이번에는 내가 상대다!"

잇슨보시는 도깨비의 발 밑에 가로막고 섰습니다.

"웬 녀석이냐? 대체 어디에서 소리가 나는 것이냐?"

도깨비는 두리번두리번 둘러보았습니다.

"여기다. 네 발 아래다."

잇슨보시는 커다란 목소리로 말했습니다. 도깨비는 잇슨보시를 내려다보고 박장대소했습니다.

"그런 작은 몸으로 이 어르신을 이길 수 있다고 생각하느냐?"

도깨비는 잇슨보시를 굵은 손가락으로 집어 올렸습니다.

- □ 連(つ)れて帰(かえ)る 데리고 돌아가(오)다
- □ おれさま(俺様) 이놈, 이 어르신 〈자신을 높여 이르는 말〉
- □ 身(み)の回(まわ)り 신변, 주위의 자질구레한 일
- □ 世話(せわ)をする 돌보다, 시중들다
- □ おそろしい(恐ろしい) 무섭다, 두렵다
- □ 笑(わら)いをうかべる 웃음을 띠다
- □ ふれさせる(触れさせる) 손대게 하다, 닿게 하다 〈ふれる의 사역형〉
- □ 〜ぞ 〜야, 〜지 〈강한 주장을 나타냄〉
- □ 今度(こんど) 이번, 다음 번
- □ お前(まえ) 너, 자네

- □ 足(あし)もと 발밑, 발 아래
- □ 立(た)ちふさがる (앞을) 가로막고 서다
- □ いったい 대체, 도대체
- □ 声(こえ)がする (목)소리가 나다
- □ きょろきょろ 두리번두리번
- □ 見回(みまわ)す 둘러보다
- □ 大声(おおごえ) 큰 목소리
- □ 見下(みお)ろす 내려다보다, 깔보다
- □ 大笑(おおわら)いする 박장대소하다
- □ 勝(か)てる 이길 수 있다, 승리할 수 있다 〈勝つ의 가능형〉
- □ 太(ふと)い 굵다
- □ つまみ上(あ)げる 집어 올리다

「お前なんか、こうしてやる。」

そう言いながら、一寸法師をポイッと口の中に

放りこみ、ごくりとひと飲みにしてしまいました。

「これでじゃま者はいなくなった。ひめはもらっ

て行くぞ。」

鬼がおひめ様をこわきにかかえようとした、そ

の時です。

「いたたたたたた！」

鬼は、お腹をかかえて苦しみました。なんと一

寸法師が、はりの刀で鬼のお腹の中をさしたのです。

- ~なんか　~등, ~따위, ~같은 것 ＝~など
- ポイッと　획 하고, 획 하고
- 放(ほう)りこむ　던져 넣다
- ごくりと　꿀꺽하고
- ひと飲(の)み　한입에 삼킴
- じゃま者(もの)　방해꾼, 훼방꾼
- もらう　받다, 얻다
- こわき　겨드랑이
- かかえる(抱える)　끼다, 안다, 껴안다
- ~(よ)うとする　~(하)려고 하다 〈동사 의지형에 붙어 동작의 시도를 나타냄〉
- いたたたたたた　아야야야야야야야 〈痛(いた)い의 변한말〉
- お腹(なか)をかかえる　배를 움켜쥐다
- 苦(くる)しむ　괴로워하다
- さす(刺す)　찌르다, (꼬챙이에) 꿰다

"너 같은 것은 이렇게 해 주마."

그렇게 말하며 잇슨보시를 휙 하고 입속에 던져 넣고 꿀꺽하고 한입에 삼켜 버렸습니다.

"이제 방해꾼은 없어졌다. 처자는 데려가지."

도깨비가 아가씨를 겨드랑이에 끼려고 한 그때였습니다.

"아야야야야야!"

도깨비는 배를 움켜쥐고 괴로워했습니다. 무슨 일인가 하니 잇슨보시가 바늘 칼로 도깨비의 뱃속을 찌른 것입니다.

「二度と都で悪さをしないと約束しろ。さもない

と、お前の体の中を所かまわず切りさいてやる。」

「まいった。約束する。もう悪さはしません。都

にも現れません。」

鬼が口を開けると、一寸法師が飛び出しました。

鬼は、痛むお腹をかかえて、ふり返りもせずに、に

げていきました。

あとには、小づちが落ちていました。

「これは、打ち出の小づちというたから物ですよ。

この小づちをふりながら願い事をすると、どん

な願いもかなうのです。」

- 二度(にど)と 두번 다시 〈~度(ど) ~번〉
- 悪(わる)さをする 못된 짓을 하다, 나쁜 짓을 하다
- 約束(やくそく)(を)する 약속(을) 하다
- さもないと 그렇지 않으면
- 所(ところ)かまわず 어디든, 장소를 가리지 않고
- 切(き)りさく 베어 찢다, 째다
- まいる 지다
- 口(くち)を開(あ)ける 입을 벌리다
- 飛(と)び出(だ)す 뛰어나오다, 튀어나오다
- 痛(いた)む 아프다, 괴롭다, 고통스럽다
- ふり返(かえ)り 뒤돌아봄
- にげる(逃げる) 도망가다, 도망치다
- 小(こ)づち 작은 망치
- 落(お)ちる 떨어지다
- 打(う)ち出(で)の小(こ)づち (무엇이든 소원을 이루어 준다는) 도깨비방망이
- たから物(もの)(宝物) 보물
- ふる 흔들다
- 願(ねが)い事(ごと) 소원, 소망

"두 번 다시 수도에서 못된 짓을 하지 않겠다고 약속해라. 그렇지 않으면 네 몸 속을 어디든 상관없이 베어 찢어 버리겠다."

"졌다. 약속하겠다. 더 이상 못된 짓은 하지 않겠습니다. 수도에도 나타나지 않겠습니다."

도깨비가 입을 열자 잇슨보시가 튀어나왔습니다. 도깨비는 아픈 배를 감싸 안고 뒤도 돌아보지 않고 도망갔습니다.

떠난 자리에는 작은 망치가 떨어져 있었습니다.

"이것은 도깨비방망이라는 보물입니다. 이 도깨비방망이를 흔들면서 소원을 빌면 어떤 소원이든 이루어집니다."

おひめ様は、小づちを拾い上げると、大きくふりながら言いました。

　「一寸法師、大きくなあれ。背が高くなあれ。」

　すると、一寸法師の背がみるみる高くなり、たくましいりっぱな若者になりました。

　屋しきに帰ると、三条の大臣は、一寸法師の勇気と頭のよさをほめたたえました。

　「そなたには、堀川の少将という名をさずける。どうかこのひめをよめにもらっておくれ。」

　一寸法師は、喜んで美しいひめと結婚しました。村で暮していたお父さんとお母さんも、都に呼びよせました。そして、いつまでも幸せに暮したということです。

아가씨는 도깨비방망이를 주워들더니 크게 흔들면서 말했습니다.

"잇슨보시야, 커져라. 키가 커져라."

그러자 잇슨보시의 키가 삼시간에 커져 씩씩하고 멋진 젊은이가 되었습니다.

저택으로 돌아오자 산조 대신은 잇슨보시의 용기와 명석함을 칭찬했습니다.

"자네에게는 호리카와 소장이라는 이름을 내려주겠다. 부디 이 아이를 신부로 맞아 주게."

잇슨보시는 기쁘게 아름다운 아가씨와 결혼했습니다. 마을에서 살고 있던 아버지와 어머니도 수도로 불러들였습니다. 그리고 언제까지나 행복하게 살았다고 합니다.

- ☐ 拾(ひろ)い上(あ)げる 주워 들다
- ☐ みるみる 삽시간에, 금세
- ☐ すると 그랬더니, 그러자
- ☐ たくましい 늠름하다, 씩씩하다
- ☐ 若者(わかもの) 젊은이, 젊은 사람
- ☐ ほめたたえる 칭찬하다
- ☐ そなた 자네, 그대

- ☐ 少将(しょうしょう) 소장
- ☐ よめ(嫁) 신부 ↔ むこ(婿) 신랑
- ☐ おくれ ~해 주게〈おは 부드러운 명령을 나타냄〉
- ☐ 喜(よろこ)んで 기꺼이, 기쁘게
- ☐ 結婚(けっこん)する 결혼하다
- ☐ 呼(よ)びよせる 불러들이다, 불러 오다
- ☐ ~ということだ ~라고 하다

☑ **CHECK UP**　「一寸法師」の内용을 상기하면서 풀어 보기 바랍니다.

1　다음 문장을 읽고 우리말로 옮겨 보세요.

❶ 両親はおどろいて一寸法師を引き止めました。

　→ ....

❷ 難しい書物もすぐに読めるようになりました。

　→ ....

❸ おひめ様は清水寺におまいりにいくことになりました。

　→ ....

2　다음 ⬭에서 적당한 말을 골라 (　) 안에 써 넣으세요.

> 보기　　なんと　　　しか　　　はるか

❶ この子は背たけが小指くらい（　　　　　）ありませんでした。

❷ 体はこんなに小さいけれど、（　　　　　）かわいい赤ちゃんだこと。

❸ 村の真ん中を通っている川が、（　　　　　）かなたまで流れているのが見えました。

44

3 [　　] 안의 단어를 활용하여 문장을 완성하세요.

❶ 大きな寺やお屋しきが（　　　　　　　）、たくさんの人が住んで
いるんだよ。[ある]

❷ 両親は、おわんの船が見えなくなるまで、岸に立って
（　　　　　　　）ました。[見送る]

❸ 大臣の家来の中でも、力じまんのさむらいたちが（　　　　　　）
ました。[集める]

4 다음 문장이 본문의 내용과 맞으면 ○, 틀리면 ×를 하세요.

❶ 一寸法師はたくさんご飯を食べて、すぐに大きくなりました。
（　　　）

❷ 一寸法師は山の向こうの東京に行ってみたくなりました。
（　　　）

❸ 一寸法師は川に浮かべたおわんの船に乗ると、はしのかいで
こぎ出しました。（　　　）

❹ 一寸法師はおひめ様を悪い鬼から守りました。（　　　）

かちかち山
やま

　昔々、ある村に、おじいさんとおばあさんがいま
むかし むかし　　　　　　むら

した。

　おじいさんは、毎日、田畑に出て、米、麦、いも、
まいにち　た はた　で　こめ　むぎ

豆などを作るのが仕事でした。おばあさんは、家で
まめ　　　つく　　　しごと　　　　　　　　　　　いえ

米や麦をついたり、なわをなったりしていました。

옛날 옛날, 어느 마을에 할아버지와 할머니가 있었습니다.
할아버지는 매일 논밭에 나가 쌀, 보리, 감자, 콩 등을 재배하는 것이 일이
었습니다. 할머니는 집에서 쌀이나 보리를 찧거나 새끼를 꼬거나 했습니다.

二人の住まいには、裏山のウサギが、毎日のよ
うに¹遊びにきました。

　子だからに恵まれなかった二人は、ウサギを本
当の子どものようにかわいがりました。

　「ウサギさん、今夜もご飯を食べていきなさい。」

　「おじいさん、おばあさん。いつもありがとうご
ざいます。じゃあ、お礼に、お二人のかたをも
みましょう。」

　ウサギも、本当の両親のように、おじいさんと
おばあさんを大事にしていました。

☐ 住(す)まい　집, 주거
☐ 裏山(うらやま)　뒷산
☐ ウサギ　토끼
☐ 遊(あそ)びにくる　놀러 오다
☐ 子だからに恵(めぐ)まれる　자식을 두다
☐ 本当(ほんとう)　정말(임), 진실(임)

☐ かわいがる　귀여워하다
☐ 今夜(こんや)　오늘 밤
☐ いつも　늘, 항상
☐ お礼(れい)　답례, 보답
☐ かた(肩)をもむ　어깨를 주무르다
☐ 大事(だいじ)にする　소중히 여기다

두 사람의 집에는 뒷산의 토끼가 매일 같이 놀러 왔습니다.

자식이 없었던 두 사람은 토끼를 친자식처럼 귀여워했습니다.

"토끼야, 오늘 밤도 밥을 먹고 가거라."

"할아버지, 할머니. 늘 감사합니다. 그럼, 답례로 두 분의 어깨를 주물러 드리겠습니다."

토끼도 친부모처럼 할아버지와 할머니를 소중히 대했습니다.

---

1 ～ようだ ～같다, ～듯하다 [동사 · い형용사의 보통형, 명사の +ようだ]

예를 들거나 어떤 것에 비유하여 나타낼 때 쓰는 표현으로, 비유를 나타낼 때에는 주로 앞에 まるで, ちょうど 같은 말이 오는 경우가 많다.

雪(ゆき)の粉(こ)がふぶきのように飛(と)びちる。 눈가루가 눈보라처럼 흩날리다.

彼女(かのじょ)のほほえみはまるで天使(てんし)のようだ。
그녀의 미소는 마치 천사 같다.

ところが、同じ裏山に住んでいるタヌキは、お

じいさん夫婦とウサギの仲のいい暮しを、ねたまし

く思っていました。

　「よぼよぼの年よりのくせに、ウサギなんかかわ

いがって。目ざわりなんだ。」

　タヌキは、なんとかしておじいさん、おばあさ

んを困らせようとします。

　おじいさんが植えた畑のなえも、夜中にこっそ

りほり返してしまいます。おばあさんがのき先にほ

しておいた大根も、がりがりかじってダメにしてし

まいます。

그런데 같은 뒷산에 살고 있는 너구리는 할아버지 부부와 토끼가 사이좋게 사는 것을 질투했습니다.

"비칠비칠한 늙은이 주제에 토끼 따위를 귀여워하고. 눈에 거슬려."

너구리는 어떻게 해서든 할아버지 할머니를 곤란하게 만들려고 합니다.

할아버지가 심은 밭의 모종도 밤중에 몰래 파헤쳐 버립니다. 할머니가 처마 끝에 말려 둔 무도 으드득으드득 갉아 못 쓰게 만들어 버립니다.

「タヌキさん。そんなにおなかが空いているなら、家にご飯を食べにおいで。ウサギさんもよく遊びにくるんだよ。お前さんも来ていいんだよ。」

おじいさんが優しい言葉をかけても、タヌキは悪事をやめません。

「やーい、よぼよぼのじじい。ざまあみろ。」

ある日、おじいさんが畑に行ってみると、しゅうかく間近のいもが全部ほり返されて、タヌキにかじられていました。

□ おなかが空(す)く　배가 고프다
□ ～なら　～라면〈가정〉
□ おいで　오다, 가다〈おいでなさい의 줄임말로 주로 손아랫사람에게 다정하게 명령할 때 씀〉
□ 言葉(ことば)をかける　말을 걸다
□ 悪事(あくじ)　못된 짓
□ やめる　그만두다, 중지하다
□ やーい　어이, 야〈놀리거나 멀리서 부르는 소리〉

□ じじい　영감, 할아범 ↔ ばばあ 할망구
□ ざまあみろ　꼴 좋다, 고소하다〈ざまをみる를 회화적으로 말한 것으로, 남의 실수나 불운 등을 조롱할 때 쓰는 말〉
□ ～てみる　～(해) 보다, ～어 보다
□ しゅうかく(収穫)　수확
□ 間近(まぢか)　아주 가까움, 임박함
□ 全部(ぜんぶ)　전부, 모두

"너구리야. 그렇게 배가 고프면 집으로 밥을 먹으러 오너라. 토끼도 자주 놀러 온단다. 너도 와도 괜찮아."

할아버지가 다정한 말을 걸어도 너구리는 못된 짓을 그만두지 않습니다.

"어이, 비칠비칠 영감. 꼴좋다."

어느 날, 할아버지가 밭에 가 보니 이제 곧 수확할 감자가 전부 파헤쳐져 너구리에게 갉아먹혀져 있었습니다.

大事な作物をめちゃめちゃにされたおじいさん
は、しかたなく畑にわなをしかけて、タヌキをつか
まえました。

両手両足をしばられたタヌキは、

「ふん、よぼよぼのじじい。必ずこのわなからに
げ出して、また畑をあらしてやる。その時は、ま
た、ざまあみろと言ってやる。」

と言いました。

- □ 大事(だいじ)だ　소중하다, 중요하다
- □ 作物(さくもつ)　작물
- □ めちゃめちゃだ　엉망진창임, 뒤죽박죽임
- □ しかたない　할 수 없다, 어쩔 수 없다, 달리 방법이 없다
- □ わな　덫, 함정
- □ しかける　(장치 등을) 놓다, 설치하다
- □ つかまえる　(붙)잡다
- □ しばられる　묶이다 〈しばる의 수동형〉
- □ 必(かなら)ず　반드시, 꼭
- □ にげ出(だ)す　빠져나가다, 도망치다
- □ また　또, 다시
- □ あらす(荒らす)　망치다, 황폐하게 하다

    소중한 작물이 엉망진창이 된 할아버지는 할 수 없이 밭에 덫을 놓아 너구
리를 잡았습니다.
    양 손발을 묶인 너구리는,
    "흥, 비칠비칠 영감. 반드시 이 덫에서 빠져나가 또 밭을 망쳐 주지. 그때
    는 또 꼴좋다고 말해 주겠어."
라고 말했습니다.

それを聞いたおじいさんは、おばあさんに言いました。

「かわいそうだけれど、にがしてやったら、また悪さをするだろう。こいつはタヌキなべにして食べてしまうしかない。私が帰ってくるまでに、なべに入れるもちをついておいてくれ。」

おじいさんはまた畑に出かけました。おばあさんは重いきねを持ち上げて、ぺったんぺったんともちつきを始めました。

- かわいそうだ　불쌍하다, 가엾다
- にがす(逃がす)　놓아주다, 도피시키다
- ～たら　～(하)면, ～(한)다면
- こいつ　이 녀석, 이놈
- タヌキなべ(鍋)　너구리전골 〈なべ(냄비)는 음식명과 함께 쓰이면 전골이라는 뜻이 됨〉
- ～しかない　～(하는) 수밖에 없다
- ～までに　～까지 〈～までには 그 시간 전에 완료한 동작을 나타내는 반면, ～までは 그 시간까지 계속된 동작을 나타냄〉
- 入(い)れる　넣다
- もち(餅)をつく　떡을 찧다
- 出(で)かける　나가다, 외출하다
- 重(おも)い　무겁다 ↔ 軽(かる)い 가볍다
- きね　절굿공이
- 持(も)ち上(あ)げる　들어올리다
- ぺったんぺったんと　떡 따위를 치는 소리, 쿵덕쿵덕, 철썩철썩
- もち(餅)つき　떡치기
- 始(はじ)める　시작하다

56

그 말을 들은 할아버지는 할머니에게 말했습니다.

"불쌍하지만 놓아주면 또 못된 짓을 할 거요. 이 녀석은 너구리전골을 해서 먹어 버릴 수밖에 없소. 내가 돌아올 때까지 전골에 넣을 떡을 찧어 놔 주게."

할아버지는 다시 밭으로 나갔습니다. 할머니는 무거운 절굿공이를 들어올려 쿵덕쿵덕 떡을 치기 시작했습니다.

手足をなわでしばられたタヌキは、とても悲しそうな声で言いました。

「おばあさん、私は悪いタヌキでした。ゆるしてくれなくてもかまいません。ただ、せめて死ぬ前に、一つでもいいことをしたいと思います²。もちつきの手伝いをさせてください。」

「そうやってだまそうとしても、ダメですよ。」

はじめのうち、おばあさんは、タヌキの言葉を信じませんでした。それでもタヌキは、悲しそうな声でたのみ続けました。

- ☐ 手足(てあし) 손발
- ☐ 悲(かな)しい 슬프다
- ☐ ただ 다만, 단지
- ☐ せめて 적어도, 하다못해
- ☐ 死(し)ぬ 죽다
- ☐ ～前に ～(하)기 전에
- ☐ ～と思(おも)う ～(이)라고 생각하다
- ☐ 手伝(てつだ)い 도움
- ☐ だます 속이다
- ☐ ダメだ 소용없다, 안 되다
- ☐ はじめのうち 처음에
- ☐ 信(しん)じる 믿다
- ☐ たのむ(頼む) 부탁하다

손발을 새끼줄로 묶인 너구리는 너무나 슬픈 듯한 목소리로 말했습니다.

"할머니, 제가 나쁜 너구리였어요. 용서해 주지 않아도 상관 없어요. 다만 적어도 죽기 전에 하나라도 좋은 일을 하고 싶어요. 떡 치는 것을 도울 수 있게 해 주세요."

"그렇게 속이려고 해도 소용없어."

처음에 할머니는 너구리의 말을 믿지 않았습니다. 그래도 너구리는 슬픈 듯한 목소리로 계속 부탁했습니다.

---

2 **〜たいと思う 〜(하)고 싶다** [동사 ます형+たいと思う]

말하는 사람의 희망이나 요구를 간접적으로 표현하며 공손한 느낌을 준다.

早(はや)く家(うち)に帰(かえ)りたいと思(おも)います。 얼른 집으로 돌아가고 싶습니다.

「じゃあ、お前の言葉を信じてあげましょうね。」

　心やさしいおばあさんは、つい、なわを解いて

しまいました。

　自由になったタヌキはきねをうばい取り、おば

あさんの頭に何度もたたきつけました。

「ふん、よぼよぼのばばあ。ざまあみろ。」

　タヌキは意地悪な笑い声をひびかせながら、山

へにげていきました。

"그럼 너의 말을 믿어 줄게."

마음씨 착한 할머니는 그만 새끼줄을 풀고 말았습니다.

자유로워진 너구리는 절굿공이를 빼앗아 들고 할머니의 머리를 수차례나 내리쳤습니다.

"흥, 비칠비칠 할망구. 꼴좋다."

너구리는 심술궂은 웃음 소리를 울리면서 산으로 도망갔습니다.

畑仕事を終えたおじいさんが帰ると、ろではな
べがぐつぐつ煮えていました。

「おばあさん、おいしそうななべができているね。」

けれども、ろの辺りには、おばあさんの姿が見
えません。やがて、裏山からタヌキの声が聞こえて
きました。

「よぼよぼのじじい。ざまあみろ。」

☐ 畑(はたけ)仕事(しごと) 밭일
☐ 終(お)える 끝내다, 끝마치다
☐ ろ(炉) 화로
☐ ぐつぐつ 부글부글
☐ 煮(に)える (물 등이) 끓다

☐ 辺(あた)り 주변
☐ 姿(すがた) 모습, 모양, 형체
☐ やがて 이윽고, 머지않아, 곧
☐ 聞(き)こえる 들리다

밭일을 마친 할아버지가 돌아오니 화로에서는 전골이 부글부글 끓고 있었습니다.

"할멈, 맛있을 것 같은 전골이 끓여져 있네."

하지만 화로 주변에는 할머니의 모습이 보이지 않습니다. 얼마 안 있어 뒷산에서 너구리의 목소리가 들려왔습니다.

"비칠비칠 영감. 꼴좋다."

おじいさんは、あわてて家の中を探しました。お
ばあさんは、土間のおくで冷たくなっていました。
おじいさんはくやしさと悲しさで、大声で泣きまし
た。

その泣き声を聞いて、ウサギがかけつけました。
話を聞いたウサギは、おじいさんとだき合って泣き
ました。

「おじいさん、ぼくが必ず、かたきをうちます。
まかせてください。まず、おばあさんがいつも
ついていたもちを一ふくろください。」

□ あわてる 몹시 서두르다, 허둥대다, 당황하다
□ 探(さが)す 찾다
□ 土間(どま) 봉당, 토방
□ おく(奥) 속, 안
□ 冷(つめ)たい 싸늘하다, 차갑다
□ くやしさ(悔しさ) 분함
□ 悲(かな)しさ 슬픔
□ 泣(な)く 울다 ↔ 笑(わら)う 웃다
□ 泣(な)き声(ごえ) 울음소리
□ かけつける 급히(서둘러) 달려오다

□ 話(はなし) 이야기, 말
□ だき合(あ)う 부둥켜안다, 얼싸안다
□ ぼく 나 〈남자가 주로 대등하거나 손아랫사람에게 쓰며, おれ보다 공손한 느낌을 줌〉
□ かたきをうつ 복수를 하다
□ まかせる 맡기다
□ まず 먼저, 우선
□ 一(ひと)ふくろ 한 봉지 〈ふくろ(袋) 봉지, 주머니, 자루〉

64

할아버지는 황급히 집 안을 뒤졌습니다. 할머니는 봉당 안쪽에서 싸늘히 식어 있었습니다. 할아버지는 분함과 슬픔으로 큰 소리로 울었습니다.

그 울음소리를 듣고 토끼가 달려왔습니다. 이야기를 들은 토끼는 할아버지와 부둥켜안고 울었습니다.

"할아버지, 제가 반드시 복수를 하겠습니다. 맡겨 주십시오. 우선 할머니가 늘 찧던 떡을 한 봉지 주십시오."

ウサギは、家の庭でもちを焼きました。とても

いいかおりです。

　そのにおいにつられて、タヌキが、やって来ま

した。

「うまそうだね。少しくれよ。」

「そんなに食べたい？　だったら、今からたきぎを

いっしょに取りに行ってくれる？　そうしたら、

後で焼きたてのもちをあげるよ。」

□ 庭(にわ) 정원, 마당
□ 焼(や)く 굽다
□ かおり(香り) 향기, 냄새
□ におい(匂い) 냄새
□ つられる 이끌리다
□ やって来(く)る 찾아오다, 다가오다
□ うまい 맛있다
□ たきぎ(薪) 땔감

□ いっしょに(一緒に) 함께
□ 取(と)りに行(い)く 가지러 가다, (취)하러 가다
□ 後(あと)で 나중에
□ 焼(や)きたて 갓 구움〈たて는 동사 ます형에 붙어 그 동작이 막 끝났음을 나타냄〉
□ あげる 주다

66

토끼는 집 마당에서 떡을 구웠습니다. 아주 맛있는 냄새가 납니다.
그 냄새에 이끌려 너구리가 찾아왔습니다.
"맛있겠네. 조금 줘."
"그렇게 먹고 싶어? 그럼 지금부터 땔감을 하러 함께 가 줄래? 그러면 나
중에 막 구운 떡을 줄게."

タヌキは喜んで、引き受けました。二ひき*は背中にかごをしょって、おくの山に入っていきました[3]。

「早く、焼きたてのもちを食べたいなぁ。」

タヌキは先に立って、どんどん山を登っていきます。かごの中には、たきぎが少しずつ積み上がっていきます。

「もちを焼くには、もっとたきぎが必要だよ。」

ウサギは、すぐ後ろを付いていきました。そして、火打ち石をカチカチ鳴らして、タヌキの背負いかごに、火花を飛ばしました。

- 引(ひ)き受(う)ける　승낙하다, 받아들이다
- ～ひき　～마리 〈짐승・벌레・새・물고기 등의 짐승을 셀 때 쓰는 조수사〉
- 背中(せなか)　등
- かご　바구니
- しょう　짊어지다
- 入(はい)る　들어가다
- 早(はや)く　빨리
- どんどん　거침없이 나아가는 모양, 척척
- 登(のぼ)る　올라가다, 오르다
- 少(すこ)しずつ　조금씩
- 積(つ)み上(あ)がる　쌓이다
- もっと　조금 더, 더욱더
- 必要(ひつよう)だ　필요하다
- すぐ　바로, 곧
- 後(うし)ろ　뒤
- 付(つ)いていく　따라가다
- 火(ひ)打(う)ち石(いし)　부싯돌
- 鳴(な)らす　울리다
- 背負(せお)い　등에 짊어짐
- 火花(ひばな)　불꽃, 불티
- 飛(と)ばす　날리다, 튀기다

68

너구리는 기쁘게 승낙했습니다. 두 마리는 등에 바구니를 짊어지고 산속 깊이 들어갔습니다.

"얼른 막 구워진 떡을 먹고 싶구나."

너구리는 앞장 서서 척척 산을 올라갔습니다. 바구니 안에는 땔감이 조금씩 쌓여 갑니다.

"떡을 구우려면 땔감이 더 필요해."

토끼는 바로 뒤를 따라갔습니다. 그리고 부싯돌을 딱딱 울리면서 너구리가 짊어진 바구니에 불을 붙였습니다.

3　**～ていく　～해 가다** [동사 て형+いく]
어느 시점을 기준으로 그보다 앞으로 지속적으로 변화해 가거나 계속하거나 하는 것을 나타낸다.

タバコを吸(す)わない人(ひと)が増(ふ)えていきます。
담배를 피지 않는 사람이 늘어갑니다.

★　**さんびき** 세 마리　　　**よんひき** 네 마리　　　**ろっぴき** 여섯 마리
　はっぴき 여덟 마리　　　**じゅっぴき** 열 마리　　　**なんびき** 몇 마리

「ウサギくん。今、カチカチという音がしたよ。何の音だろう。」

「タヌキくん。この山は、だれかが登ると、カチカチと音がするんだ。だからカチカチ山というんだよ。」

しばらく登っていくと、タヌキは言いました。

「ウサギくん、さっきからボウボウという音がしはじめたよ。何の音だろう。」

「タヌキくん、向こうに見える山は、だれかが近づいてくると、ボウボウと音がするんだ。だからボウボウ山というんだよ。」

□ ~くん(君) 동료나 손아랫사람의 이름에 붙이는 가벼운 높임말, ~군
□ 音(おと)がする 소리가 나다
□ しばらく 얼마 동안, 잠시, 당분간
□ さっき 아까, 좀 전
□ ボウボウ 무언가가 타는 모양, 활활
□ 近(ちか)づく 다가가다, 접근하다

"토끼야. 지금 딱딱 하는 소리가 났어. 무슨 소리일까?"

"너구리야. 이 산은 누군가가 오르면 딱딱 하고 소리가 나. 그래서 딱딱산
이라고 해."

얼마 동안 올라가다가 너구리가 말했습니다.

"토끼야, 아까부터 활활 하는 소리가 나기 시작했어. 무슨 소리일까?"

"너구리야, 맞은편에 보이는 산은 누군가가 다가오면 활활 하는 소리가 나.
그래서 활활산이라고 해."

でも、このボウボウという音は、タヌキの背負った（せお）たきぎが、勢い（いきお）よく燃え（も）ている音でした。

「アチチチチ。」

タヌキは、あわてて背負いかごをふり落（お）として、川（かわ）に飛び（と）こみました。けれども、背中に、ひどいやけどをしてしまいました。

ウサギは、タヌキのところへ見（み）まいに行きました。すると、タヌキは言いました。

「カチカチ山はもうたくさんだ。あの、よぼよぼのじじいの畑（はたけ）で、作物（さくもつ）をあらす方（ほう）が楽（らく）だ。」

☐ 背負（せお）う　짊어지다
☐ 勢（いきお）い　기세, 기운, 힘, 활기
☐ アチチチチ　아쓰쓰쓰쓰 〈熱（あつ）い가 변한
　　말로 뜨거운 것이 닿을 때 내는 소리〉
☐ 燃（も）える　(불에) 타다
☐ ふり落（お）とす　흔들어 떨어뜨리다
☐ 飛（と）びこむ　뛰어들다

☐ ひどい　심하다, 지독하다
☐ やけど　화상
☐ 見（み）まいに行（い）く　병문안 가다
☐ すると　그러자, 그랬더니
☐ たくさんだ　질색이다, 충분하다
☐ 〜方（ほう）　〜편, 〜쪽
☐ 楽（らく）だ　편하다, 쉽다

하지만 이 활활 하는 소리는 너구리가 짊어진 땔감이 기세 좋게 불타고 있
는 소리였습니다.

"아뜨뜨뜨."

너구리는 황급히 짊어진 바구니를 흔들어 떨어뜨리고 강으로 뛰어들었습
니다. 하지만 등에 심한 화상을 입고 말았습니다.

토끼는 너구리가 사는 곳으로 병문안을 갔습니다. 그러자 너구리는 말했습
니다.

"딱딱산은 정말 질색이야. 저 비칠비칠 영감의 밭에서 작물을 망치는 편이
편해."

それを聞いたウサギは、言いました。

「これは、やけどによくきく薬だよ。毎日たっぷ
りとぬらないときかないんだ。そして、一言で
も痛いと言ったら、やけどは治らないよ。」

実を言うと、それは、薬ではありませんでした。
みそにたっぷりととうがらしをねりこんだだけの
物です。でも、タヌキはそのことを知りません。

「わかった。絶対に痛いと言わないから、薬を
たっぷりぬってくれ。」

ウサギは、タヌキの言うとおりに⁴しました。

タヌキは、あまりの痛さに、言葉も出ませんでした。

- □ きく（効く）（약 등이）듣다, 효험이 있다
- □ 薬（くすり）약
- □ たっぷり 듬뿍, 잔뜩
- □ ぬる（塗る）바르다, 칠하다
- □ 一言（ひとこと）한마디
- □ 痛（いた）い 아프다
- □ 治（なお）る （병 등이）낫다, 치료되다
- □ 実（じつ）を言（い）うと 사실을 말하자면
- □ みそ（味噌）일본 된장
- □ とうがらし 고추
- □ ねりこむ（練り込む）반죽하다, 개다
- □ ～だけ ～뿐, ～만 〈한정을 나타냄〉
- □ 物（もの）물건, 것
- □ 絶対（ぜったい）절대
- □ あまり 너무함, 지나침
- □ 痛（いた）さ 고통
- □ 言葉（ことば）말, 언어, 단어

그 말을 들은 토끼는 말했습니다.

"이것은 화상에 잘 듣는 약이야. 매일 듬뿍 바르지 않으면 효과가 없어. 그리고 한마디라도 아프다고 하면 화상은 낫지 않아."

사실을 말하자면 그것은 약이 아니었습니다. 된장에 고추를 듬뿍 반죽해 넣기만 한 것입니다. 하지만 너구리는 그런 사실을 모릅니다.

"알았어. 절대로 아프다고 하지 않을 테니 약을 듬뿍 발라 줘."

토끼는 너구리의 말대로 했습니다.

너구리는 너무나 아파 말도 나오지 않았습니다.

---

4 **~とおり ~대로** [동사 기본형·과거형, 명사の+とおり | 명사+どおり]

예정·계획·지시 등을 나타내는 말과, 思う·考える 등 사고를 나타내는 동사에 붙어 '~대로이다'라는 뜻을 나타낸다.

彼(かれ)は予想(よそう)どおり遅刻(ちこく)した。 그는 예상대로 지각했다.

しばらくすると、タヌキのやけども治りました。ウサギは言いました。

「ぼくの薬のおかげで、こんなに早く治ったんだよ。お礼に魚をつってくれないか。」

タヌキはしかたなくしょうちしました。

よく朝早く、浜辺に行くと、船がありませんでした。ウサギは言いました。

「お昼までに、自分の船を作ろう。ぼくよりもたくさん魚がつれたら、きみの勝ち。魚は全部、タヌキくんの物だよ。」

タヌキは、はり切り出しました。

얼마가 지나자 너구리의 화상도 나았습니다. 토끼는 말했습니다.
"내 약 덕분에 이렇게 빨리 나은 거야. 답례로 물고기를 잡아 주지 않겠니?"
너구리는 할 수 없이 승낙했습니다.
이튿날 아침 일찍 해변가에 가니 배가 없었습니다. 토끼는 말했습니다.
"낮까지 자기 배를 만들자. 나보다도 물고기를 많이 잡으면 너의 승리야.
물고기는 전부 네 것이야."
너구리는 기운이 넘치기 시작했습니다.

ウサギは、板を運んできて、小さな船を作りました。よくばりなタヌキは、魚がたくさん入るように ⁵ 浜辺の土を使って、大きなどろの船を作りました。

　二ひきは沖にこぎ出しました。

　「あ、こっちの方が、魚がいっぱいいるぞ。」

とウサギが言いました。

　タヌキは、それにつられて、もっと沖に出ました。

　「ふん。ぼくの船の方が大きい。魚をいっぱい積める。だからぼくの勝ちだ！」

☐ 板(いた)　판자
☐ 運(はこ)ぶ　운반하다, 옮기다
☐ よくばりだ　욕심쟁이다, 욕심을 부리다
☐ 土(つち)　흙
☐ 使(つか)う　사용하다, 이용하다

☐ どろ(泥)　진흙
☐ 沖(おき)　바다·호수 등의 물가에서 멀리 떨어진 곳
☐ 出(で)る　나가다, 외출하다
☐ 積(つ)める　실을 수 있다〈積む의 가능형〉

토끼는 판자를 운반해 와서 작은 배를 만들었습니다. 욕심꾸러기인 너구리는 물고기가 많이 들어가도록 해변의 흙을 이용하여 커다란 진흙 배를 만들었습니다.

두 마리는 먼 바다로 배를 젓기 시작했습니다.

"어, 이쪽이 물고기가 잔뜩 있네."

하고 토끼가 말했습니다.

너구리는 그 말에 이끌려 더 먼 바다로 나갔습니다.

"흥. 내 배가 더 커. 물고기를 한가득 실을 수 있지. 그러니 나의 승리야!"

---

5 **～ように ～(하)도록** [동사 기본형 · 부정형+ように]
목적, 기원, 권고 등을 나타낸다.

あしたからは遅刻(ちこく)しないようにしなさい。
내일부터는 지각하지 않도록 하세요.

タヌキは大得意でした。けれども、波がよせる
たびに⁶、タヌキの船は少しずつくずれていきまし
た。

今さらあわてても、後の祭りです。ついに、ど
ろの船は、ぐずぐずとしずんでいきます。

「ウサギくん、ぼくは泳げないんだ。もう二度と
悪いことはしないから、ゆるしてくれ。」

「お前のウソにはだまされない。おばあさんのか
たきだ。」

とウサギは言いました。

悪いタヌキは、どろの船といっしょに、海の底
深く、しずんでいきました。

너구리는 득의만만했습니다. 하지만 파도가 밀려올 때마다 너구리의 배는 조금씩 무너져 갔습니다.

이제 와서 당황해도 '소 잃고 외양간 고치는 격'입니다. 마침내 진흙 배는 흐물흐물 가라앉아 갑니다.

"토끼야, 난 헤엄을 못 쳐. 두 번 다시 못된 짓은 하지 않을 테니 용서해 줘."

"너의 거짓말에는 속지 않아. 할머니의 복수야."

하고 토끼는 말했습니다.

못된 너구리는 진흙 배와 함께 바다 밑 깊숙이 가라앉아 갔습니다.

---

6 **～たびに ～때마다** [동사 기본형, 명사の+たびに]

'~할 때에는 항상 ~한다'는 반복을 강조해서 나타내는 표현이다.

彼女(かのじょ)は来(く)るたびにケーキを持(も)ってくる。

그녀는 올 때마다 케이크를 갖고 온다.

1 다음 ⬭ 에서 적당한 말을 골라 ( ) 안에 써 넣으세요.

> 보기　　こっそり　　　つい　　　どんどん

❶ タヌキは先に立って、（　　　　　　）山を登っていきます。

❷ 心やさしいおばあさんは、（　　　　　　）なわを解いてしまいました。

❸ おじいさんが植えた畑のなえも、夜中に（　　　　　　）ほり返してしまいます。

2 다음을 연결하여 올바른 문장을 만드세요.

❶ にがしてやったら　　　●　　　　● ウサギがかけつけました。

❷ その泣き声を聞いて　　●　　　　● ダメですよ。

❸ そうやってだまそう　　●　　　　● また悪さをするだろう。
　　としても

3 다음 문장을 일본어로 옮겨 보세요.

❶ 그래도 너구리는 슬픈 듯한 목소리로 계속 부탁했습니다.

→ _____

❷ 토끼는 바로 뒤를 따라갔습니다.

→ _____

❸ 토끼는 너구리가 사는 곳으로 병문안을 갔습니다.

→ _____

❹ 사실을 말하자면 그것은 약이 아니었습니다.

→ _____

4 다음 문장이 본문의 내용과 맞으면 ○, 틀리면 ×를 하세요.

❶ 心のやさしいおばあさんは、タヌキを本当の子どものように
かわいがりました。（　　　）

❷ タヌキは、おばあさんがのき先にほしておいた大根も、がり
がりかじってダメにしてしまいました。（　　　）

❸ ウサギは板で船を作り、タヌキはどろで船を作りました。
（　　　）

桃太郎
ももたろう

昔々、あるところに、おじいさんとおばあさんが
むかし むかし
住んでいました。二人はお金持ちではありませんで
す   ふたり   かね も
したが、仲よく、おだやかに暮していました。
     なか

　ある日のことでした。おじいさんはいつものよ
     ひ
うに山へしばをかりに、おばあさんは川へせんたく
　　やま　　　　　　　　　　　　　　かわ
をしに行きました。

☐ お金持(かねも)ち　부자
☐ おだやかだ　평온하다, 온화하다
☐ いつものように　평소와 같이, 늘 그랬던 것처
　　럼, 언제나와 마찬가지로, 평소처럼

☐ しばをかる　장작을 하다〈しば는 섶나무나
　　잡목을 말함〉
☐ せんたく(洗濯)をする　빨래를 하다

옛날 옛날에 어느 곳에 할아버지와 할머니가 살고 있었습니다. 두 사람은 부자는 아니었습니다만 사이 좋고 평온하게 살고 있었습니다.

　어느 날이었습니다. 할아버지는 평소처럼 산으로 장작을 하러, 할머니는 강에 빨래를 하러 갔습니다.

おばあさんがごしごし着物を洗っていると、川上から大きな桃が、どんぶらこっこ、すっこっこ、どんぶらこっこ、すっこっこ……と流れて来ました。

「これはこれは、なんと大きな桃でしょう。持って帰って、おじいさんといっしょに食べましょう。」

おばあさんは、やっとのことで桃をかかえて、家に帰りました。

□ ごしごし　힘을 주어 물건을 문지르는 모양, 싹싹, 쓱쓱
□ 着物(きもの)　옷
□ 洗(あら)う　씻다, 빨다
□ 川上(かわかみ)　강 위, 강의 상류
□ なんと～だろう　참으로 ～하다 〈감탄과 놀람을 나타냄〉
□ 桃(もも)　복숭아 〈すもも 자두〉

□ どんぶらこっこ　크고 무거운 물건이 물에 뜨고 가라앉으며 흐르는 모양, 두둥실
□ すっこっこ　기우뚱
□ 流(なが)れる　흘러오다, 떠내려 오다
□ 持(も)って帰(かえ)る　갖고 돌아가(오)다
□ やっとのことで　가까스로, 간신히 〈やっと를 조금 강조한 표현〉

86

할머니가 쓱쓱 옷을 빨고 있는데, 강 위에서 커다란 복숭아가 두둥실 기우
뚱, 두둥실 기우뚱……하고 떠내려 왔습니다.
"이것 참, 참으로 큰 복숭아구나. 갖고 돌아가서 할아범과 함께 먹어야지."
할머니는 간신히 복숭아를 안고 집으로 돌아왔습니다.

おじいさんが帰ってくると、二人はさっそく、桃を切ってみることにしました。

ところが、おばあさんが包丁を当てたとたん[1]、桃がひとりでにパカッと割れました。そして、中から元気な男の赤ちゃんが飛び出してきたのです。

「おやまあ、これはどうしたことだろう。」

「私たちには子どもがいません。この子はきっと、天からのさずかり物でしょう。」

二人は大喜びで、この赤ちゃんを育てることにしました。桃から生まれた男の子だったので、名前は、桃太郎と付けました。

- □ さっそく 당장, 얼른
- □ ところが 그런데, 그러나
- □ 包丁(ほうちょう) 부엌칼
- □ 当(あ)てる 닿다, 갖다 대다
- □ ひとりでに 저절로
- □ パカッと 쩍 하고
- □ 割(わ)れる 갈라지다, 쪼개지다
- □ 中(なか) 안, 속
- □ おや 참, 어머, 이런 〈가볍게 놀라는 모양〉
- □ まあ 놀라거나 뜻밖의 일을 당했을 때 내는 소리, 어머, 어머나, 깜짝이야
- □ きっと 분명
- □ 天(てん) 하늘, 천상계, 하늘 나라
- □ さずかり物(もの) 신이 주신 선물, 특히 자식
- □ 大喜(おおよろこ)び 매우 기뻐함
- □ 育(そだ)てる 키우다
- □ 名前(なまえ)を付(つ)ける 이름을 붙이다

할아버지가 돌아오자 두 사람은 당장 복숭아를 잘라 보기로 했습니다.

그런데 할머니가 부엌칼을 대자마자 복숭아가 저절로 쩍 하고 갈라졌습니다. 그리고 그 안에서 건강한 사내 아기가 튀어나온 것입니다.

"거 참, 이건 어찌 된 일인가?"

"우리한테는 아이가 없어요. 이 아이는 분명 하늘에서 주신 선물일 거예요."

두 사람은 너무나 기뻐하며 이 아기를 키우기로 했습니다. 복숭아에서 태어난 사내 아이라 이름은 모모타로라고 붙였습니다.

---

1 ～たとたん（に）　～(하)자마자　[동사 た형＋とたん(に)]
어떤 동작이나 변화가 일어난 직후 바로 다른 동작이나 변화가 발생했을 때 쓰는 표현으로, 대개 예상과 다른 의외의 상황이 일어났을 때 쓰는 경우가 많다.

ドアを開（あ）けたとたんに犬（いぬ）が飛（と）び出（だ）してきた。
문을 연 순간 개가 뛰어나왔다.

桃太郎はご飯をたくさん食べて、どんどん大きくなりました。あっという間におじいさんよりも背が高くなり、どんな重い物でも持ち上げる力持ちになりました。そのうえ、心がとてもやさしく、村で一番の親孝行な若者に育ちました。

そのころ、村ではおそろしいでき事が続いていました。

海の向こうの鬼が島に住んでいる鬼がやって来て、村人のたから物をうばったり、若いむすめや子どもをさらったりしたのです。

話を聞いた桃太郎は、鬼たちの悪さをゆるすことができませんでした[2]。

- □ あっという間(ま)に　순식간에, 눈 깜짝할 사이에
- □ 持(も)ち上(あ)げる　들어올리다
- □ 力持(ちからも)ち　장사
- □ そのうえ　게다가, 더욱이, 그 위에
- □ 親孝行(おやこうこう)だ　효성스럽다

- □ 育(そだ)つ　자라다
- □ でき事(ごと)　일, 사건
- □ 続(つづ)く　이어지다, 계속되다
- □ 島(しま)　섬
- □ 村人(むらびと)　마을 사람(들)
- □ うばう(奪う)　빼앗다

모모타로는 밥을 많이 먹고 쑥쑥 자랐습니다. 눈 깜짝할 사이에 할아버지 보다도 키가 커지고, 어떤 무거운 물건도 들어올리는 장사가 되었습니다. 게 다가 마음씨가 아주 상냥하고, 마을에서 가장 효성스러운 젊은이로 자랐습니 다.

그 무렵 마을에서는 무서운 일이 계속되고 있었습니다.

바다 저편의 오니가 섬에 살고 있는 도깨비가 찾아와서 마을 사람들의 보 물을 빼앗거나 젊은 처녀나 아이들을 납치해 가거나 한 것이었습니다.

이야기를 들은 모모타로는 도깨비들의 못된 짓을 용서할 수 없었습니다.

---

2 ～ことができる ～(할) 수가 있다 [동사 기본형+ことができる]
'～을 할 수가 있다'는 가능성을 나타내는 표현으로, 반대 표현은 ～ことができな い(～할 수가 없다)이다.

彼(かれ)はロシア語(ご)も話(はな)すことができます。
그는 러시아어도 할 수 있습니다.

「おじいさん、おばあさん。このままでは、村は、鬼にあらされるばかりです。[3] 人々は安心して暮していけません。私は鬼が島に、鬼退治にまいります。さらわれた人たちや、うばわれたたから物を取り返してきます。」

おじいさんとおばあさんは、なんとかして引き止めようとしましたが、桃太郎の決心はゆるぎませんでした。

□ このまま　이대로, 현재의 상태 그대로
□ あらされる　황폐해지다, 망치다 〈あらす의 수동형〉
□ 安心(あんしん)する　안심하다
□ 退治(たいじ)　퇴치
□ さらわれる　납치되다, 납치 당하다 〈さらう 의 수동형〉
□ うばわれる　빼앗기다 〈うばう의 수동형〉
□ 取(と)り返(かえ)す　되찾다, 만회하다
□ 決心(けっしん)　결심
□ ゆるぐ　흔들리다

92

"할아버지, 할머니. 이대로는 마을은 도깨비에게 황폐해질 뿐입니다. 사람들은 마음 놓고 살아갈 수 없어요. 저는 오니가 섬에 도깨비를 물리치러 가겠습니다. 납치된 사람들과 빼앗긴 보물을 되찾아 오겠습니다."

할아버지와 할머니는 어떻게든 막으려고 했습니다만, 모모타로의 결심은 흔들리지 않았습니다.

3 **〜ばかりだ 점점 더 〜해지다, 〜(하)기만 하다** [동사 기본형+ばかりだ]
부정적인 방향으로만 변화가 진행되고 있음을 나타낸다.

毎日(まいにち)運動(うんどう)をしているのに太(ふと)るばかりだ。
매일 운동하는데도 살찌기만 한다.

そこで、おじいさんは、桃太郎のために、いく

さの装束と、「日本一」と書いた旗を作ってやりまし

た。

おばあさんは、おいしくて元気の出るきびだん

ごを持たせてやりました。

「では、行ってまいります。」

おじいさんとおばあさんに見送られて、桃太郎

はいさましく出かけました。

しばらく行くと、草むらから大きな犬が飛び出

してきました。

☐ そこで 그래서, 그런 까닭으로
☐ いくさの装束(しょうぞく) 갑옷
☐ 日本一(にっぽんいち) 일본 제일
☐ 旗(はた) 깃발
☐ きびだんご 수수경단

☐ 持(も)たせる 들려주다
☐ 見送(みおく)られる 배웅을 받다 〈見送る 의 수동형〉
☐ 出(で)かける 나가다, 떠나다
☐ 草(くさ)むら 풀숲

그래서 할아버지는 모모타로를 위해 갑옷과 '일본 제일'이라고 쓴 깃발을 만들어 주었습니다.

할머니는 맛있고 힘이 나는 수수경단을 들려 주었습니다.

"그럼 다녀오겠습니다."

할아버지와 할머니의 배웅을 받으며 모모타로는 늠름하게 떠났습니다.

얼마를 가니 풀숲에서 커다란 개가 튀어나왔습니다.

「桃太郎さん。こしに付けたふくろに入っている
のは、おいしいきびだんごではありませんか？
私にも一つ、ください、ワンワン。」

「これはおばあさんが作ってくれた、日本一のき
びだんごだよ。これから私は鬼退治に行くところ
だ⁴。お前も付いてくるなら、きびだんごをあげ
よう。」

「ありがとうございます。喜んで、付いていきま
す。」

犬は、きびだんごをもらって、桃太郎の家来に
なりました。

□ こし(腰)に付(つ)ける　허리에 차다
□ ふくろ　주머니
□ 入(はい)る　들다, 들어가다, 들어오다
□ ワンワン　개가 짖는 소리, 멍멍
□ これから　지금부터
□ 付(つ)いてくる　따라오다

"모모타로 님. 허리에 찬 주머니에 들어 있는 것은 맛있는 수수경단이 아닙니까? 저에게도 하나 주세요, 멍멍."

"이것은 할머니가 만들어 준 일본 제일의 수수경단이야. 지금부터 나는 도깨비를 물리치러 가려는 참이야. 너도 따라온다면 수수경단을 줄게."

"고맙습니다. 기꺼이 따라가겠습니다."

개는 수수경단을 받고 모모타로의 부하가 되었습니다.

---

4 ~ところだ ~(하)려는 참이다 [동사 기본형+ところだ]

어떤 동작이나 변화가 그 직전 단계에 있음을 나타내는 표현으로, ちょうど·今·これから 등의 말과 함께 자주 쓰인다.

今(いま)、郵便局(ゆうびんきょく)へ行(い)くところです。

지금 우체국에 가려는 참입니다.

桃太郎と犬がしばらく歩いて行くと、林にさし
かかりました。

すると今度は、木の上から猿が声をかけてきま
した。

「桃太郎さん、どこへ行くんですか？ こしに付け
た物は何ですか？ 一つ私にもください、キャッ
キャッ。」

「これから悪い鬼をやっつけに行くんだよ。いっ
しょに行くなら、お前にも日本一のきびだんご
をあげるよ。」

「ありがとうございます。喜んで。」

猿も、きびだんごをもらって、桃太郎の家来に
なりました。

모모타로와 개가 얼마를 걸어가자 숲에 다다랐습니다.

그러자 이번에는 나무 위에서 원숭이가 말을 걸어왔습니다.

"모모타로 님, 어디에 가는 거예요? 허리에 찬 것은 무엇입니까? 저에게도
하나 주세요, 꺅꺅."

"지금부터 못된 도깨비를 처치하러 가는 거야. 함께 간다면 너에게도 일본
제일의 수수경단을 주마."

"고맙습니다. 기꺼이."

원숭이도 수수경단을 받고 모모타로의 부하가 되었습니다.

もっと歩くと、桃太郎と犬と猿は、海岸に出ました。そこへ、キジがやって来て言いました。

「桃太郎さん。私にもきびだんごをください。そしたら、あなたに付いていきます、ケンケン。」

「ずっと空から見ていたんだね？　それなら話は早い。いっしょに鬼が島へ行くなら、きびだんごをあげよう。」

「もちろん、ついて行きます。」

　こうしてキジも桃太郎の家来に加わりました。

　たった一人で村を出発した桃太郎でしたが、こうして三びきの家来をしたがえて、船に乗り、ほをパンパンに張って、海をずんずん進んでいきました。

더 걷자 모모타로와 개와 원숭이는 해안에 도착했습니다. 거기에 꿩이 찾아와 말했습니다.

"모모타로 님. 저에게도 수수경단을 주세요. 그러면 당신을 따라가겠습니다, 꿔겅 꿔겅."

"계속 하늘에서 보고 있었구나? 그렇다면 이야기는 빠르지. 함께 오니가 섬에 간다면 수수경단을 주마."

"물론 따라가겠습니다."

이렇게 하여 꿩도 모모타로의 부하에 가담했습니다.

오직 홀로 마을을 출발했던 모모타로였습니다만, 이렇게 해서 세 마리의 부하를 거느리고 배를 타고 돛을 팽팽하게 펼치고 바다를 쑥쑥 나아갔습니다.

- ☐ 海岸(かいがん) 해안
- ☐ キジ 꿩
- ☐ ケンケン 꿩이 우는 소리, 꿔겅 꿔겅
- ☐ ずっと 쭉, 계속
- ☐ 空(そら) 하늘
- ☐ それなら 그렇다면, 그럼
- ☐ もちろん 물론, 말할 것도 없이
- ☐ こうして 이렇게 하여, 이렇게 해서
- ☐ 加(くわ)わる 참여하다, 참가하다, 늘다
- ☐ 出発(しゅっぱつ)する 출발하다
- ☐ したがえる 거느리다, 데리고 가다
- ☐ ほ 돛
- ☐ パンパンに 팽팽하게
- ☐ 張(は)る 펴다, 치다
- ☐ ずんずん 사물의 진행이나 변화가 눈에 띄게 빠른 모양, 쑥쑥, 척척

やがて何日かすると、水平線のかなたに、ごつ
ごつとした不気味な島が見えてきました。

「あれが、村人を苦しめる悪い鬼たちが住む島に
ちがいない[5]。」

「では、私が上から様子を見てきましょう。」

キジはさっと飛び立ち、空を一回りすると、船
にもどってきました。

「鬼たちは、村人からうばったたから物をずらり
と並べて、酒もりをしています。」

- やがて　이윽고, 머지않아
- する　(시간을 나타내는 말에 붙어) 시간이 경과하다, 지나다
- 水平線(すいへいせん)　수평선 ↔ 地平線(ちへいせん) 지평선
- ごつごつ　울퉁불퉁
- 不気味(ぶきみ)だ　(어쩐지) 기분 나쁘다
- 苦(くる)しめる　못살게 굴다, 괴롭히다
- 様子(ようす)　기색, 낌새, 상황, 형편
- さっと　잽싸게, 재빨리
- 飛(と)び立(た)つ　날아오르다
- 一回(ひとまわ)りする　한 바퀴 돌다
- もどる(戻る)　되돌아오다, 되돌아가다
- ずらりと　많은 사람이나 물건을 나열한 모양, 죽 = ずらっと
- 並(なら)べる　늘어놓다
- 酒(さか)もり　주연

이윽고 며칠인가 지나자 수평선 너머로 울퉁불퉁한 기분 나쁜 섬이 보였습니다.

"저것이 마을 사람들을 괴롭히는 못된 도깨비들이 사는 섬임에 틀림없다."

"그럼 제가 위에서 상황을 보고 오겠습니다."

꿩은 재빨리 날아올라 하늘을 한 바퀴 돌더니 배로 돌아왔습니다.

"도깨비들은 마을 사람들에게서 빼앗은 보물을 죽 늘어놓고 주연을 베풀고 있습니다."

5 　〜にちがいない　〜(임)에 틀림없다
[동사・い형용사・な형용사 어간・명사 보통형+にちがいない]
말하는 사람이 어떤 근거에 의하여 자신의 주관적인 확신을 강하게 나타낼 때 쓴다.

あの花(はな)は彼(かれ)からのプレゼントにちがいない。
저 꽃은 그의 선물임에 틀림없다.

「てきが油断しているなら、ちょうどいい。」

桃太郎たちは、こっそりと島に上陸しました。

「では、私がぬけ道を探してきます。」

犬は鼻をくんくんさせながら、島を一回りして
きました。

「向こうの岩かげが、近道です。」

桃太郎たちは、岩かげに回りました。けれども
そこには、鉄でできた高いさくがあり、カギがかかっ
ています。

「私におまかせください 6。」

猿はするするとさくを上ると、内側からカギを
外しました。

☐ てき(敵) 적
☐ 油断(ゆだん)する 방심하다
☐ ちょうど 딱, 마침
☐ こっそり 몰래
☐ 上陸(じょうりく)する
☐ ぬけ道(みち) 샛길
☐ くんくん 냄새를 맡는 모양, 킁킁
☐ 岩(いわ)かげ 바위 뒤
☐ 近道(ちかみち) 지름길

☐ 回(まわ)る 돌다, 돌아서 가다
☐ 鉄(てつ) 철
☐ さく(柵) 울타리
☐ かぎがかかる 열쇠가 잠겨 있다
☐ するすると 미끄러지듯이 움직이는 모양, 스
　르르 스르르
☐ 上(のぼ)る 오르다, 기어오르다
☐ 内側(うちがわ) 안쪽, 내측
☐ 外(はず)す (열쇠・단추 등을) 벗기다, 풀다

"적이 방심하고 있다면 딱 좋다."

모모타로 일행은 몰래 섬에 상륙했습니다.

"그럼 제가 샛길을 찾아 보고 오겠습니다."

개가 코를 킁킁거리며 섬을 한 바퀴 돌고 왔습니다.

"저쪽의 바위 뒤가 지름길입니다."

모모타로 일행은 바위 뒤로 돌아 갔습니다. 하지만 그곳에는 쇠로 된 높은 울타리가 있고, 열쇠가 잠겨져 있습니다.

"저에게 맡겨 주십시오."

원숭이는 스르르 스르르 울타리를 올라가더니 안쪽에서 열쇠를 풀었습니다.

6　**お〜ください　〜(해) 주십시오**　[お+동사 ます형+ください]
정중하게 요청하는 표현으로, 〜てくださる보다 좀 더 공손하고 격식을 차린 말투이다.

どうぞ、お入(はい)りください。자, 어서 들어오십시오.

音も立てずに、鬼の背後に近づいた桃太郎は、いきなり立ち上がってこう言いました。

「悪い鬼め。われこそは、桃から生まれた桃太郎だ。お前たちがうばったたからと、さらっていった村人を返してもらおう。」

よっぱらっていた鬼たちは、顔を真っ赤にして言いました。

「なにを生意気な！ お前みたいな[7]青二才が、おれたちに勝とうなんて、大笑いだ。やっつけてやる！」

鬼たちは、太い金ぼうをぶんぶんふり回したりして、桃太郎につかみかかろうとしました。

□ 音(おと)を立(た)てる　소리를 내다
□ 背後(はいご)　등 뒤
□ いきなり　벌떡, 불쑥, 느닷없이
□ 立(た)ち上(あ)がる　일어나다, 일어서다
□ ～め　～녀석, ～놈〈사람이나 동물 등을 경멸하거나 깔볼 때 씀〉
□ われこそは　나야말로, 나로 말할 것 같으면,
□ 返(かえ)す　돌려주다, 되돌리다, 되갚다
□ よっぱらう　취하다

□ 真(ま)っ赤(か)　새빨감
□ 生意気(なまいき)だ　건방지다, 버릇없다
□ 青二才(あおにさい)　풋내기, 애송이
□ 勝(か)つ　이기다
□ 大(おお)笑(わら)い　큰 소리로 비웃음, 크게 웃음
□ 金(かな)ぼう　쇠몽둥이, 도깨비방망이
□ ぶんぶん　공기를 가를 때 나는 소리, 붕붕
□ ふり回(まわ)す　휘두르다
□ つかみかかる　덤벼들다, 달려들다

소리도 내지 않고 도깨비의 등 뒤로 다가간 모모타로는 벌떡 일어나 이렇게 말했습니다.

"못된 도깨비들아. 나로 말하자면 복숭아에서 태어난 모모타로다. 너희들이 빼앗은 보물과 납치해 간 마을 사람들을 돌려받겠다."

취해 있던 도깨비들은 얼굴을 붉히며 말했습니다.

"이 무슨 건방진 소리냐! 너 같은 풋내기가 우리들을 이기려고 하다니 우습기 짝이 없구나. 혼내주마!"

도깨비들은 굵은 도깨비방망이를 붕붕 휘두르기도 하며 모모타로에게 덤벼들려고 했습니다.

---

7 **〜みたいだ 〜같다** [동사・い형용사・명사 보통형+みたいだ]

비유를 나타내는 표현으로, 주로 회화에서 많이 쓰며 딱딱한 문장이나 격식을 갖춘 장면에서는 ようだ를 쓴다.

40歳(よんじゅっさい)になっても母(はは)はまるで少女(しょうじょ)みたいだ。
마흔 살이 되어도 엄마는 마치 소녀 같다.

けれども、身の軽い桃太郎はひらりひらりと飛び回るので、つかまえることができません。そのうえ、犬にかみつかれ、猿にひっかかれ、キジにつつかれ、鬼たちは次々とたおされてしまいました。

そこへ、とびきり大きな鬼が現れました。

「子分をずいぶん痛めつけてくれたようだな。お前のようなやつは、生かして帰すわけにはいかない[8]。」

鬼の大将の登場です。

「親分、おれたちのかたきをとってください。」

□ 軽(かる)い 가볍다
□ ひらりひらりと 몸이 가볍게 뛰어오르는 모양, 훌쩍훌쩍
□ 飛(と)び回(まわ)る 뛰어다니다
□ かみつかれる （개 등에）물리다 〈かみつく（물다）의 수동형〉
□ ひっかかれる 걸리다 〈ひっかかる（걸리다）의 수동형〉
□ つつかれる 쪼이다 〈つつく（가볍게 쿡쿡 찌르다, 쪼다）의 수동형〉
□ たおされる 쓰러지다 〈たおす（쓰러뜨리다）의 수동형〉

□ とびきり 특히, 월등하게
□ 子分(こぶん) 부하, 졸개
□ ずいぶん 상당히, 꽤, 몹시
□ 痛(いた)めつける 혼내주다
□ やつ 녀석, 놈, 자식 〈사람이나 사물을 막되게 이르거나 손아랫사람에게 친근감을 갖고 이르는 말〉
□ 生(い)かす 살리다, 살려 두다
□ 帰(かえ)す 돌려보내다
□ 大将(たいしょう) 대장
□ 登場(とうじょう) 등장
□ 親分(おやぶん) 두목, 우두머리
□ かたきをとる 원수를 갚다

하지만 몸이 가벼운 모모타로는 훌쩍훌쩍 뛰어다녀서 붙잡을 수 없습니다. 게다가 개에 물리고 원숭이에게 걸리고, 꿩에게 쪼여 도깨비들은 차례차례 쓰러져 버렸습니다.

그때 월등하게 큰 도깨비가 나타났습니다.

"부하들을 제법 혼내준 모양이구나. 너 같은 녀석은 살려 보낼 순 없지."

도깨비 대장의 등장입니다.

"두목, 우리들의 원수를 갚아주십시오."

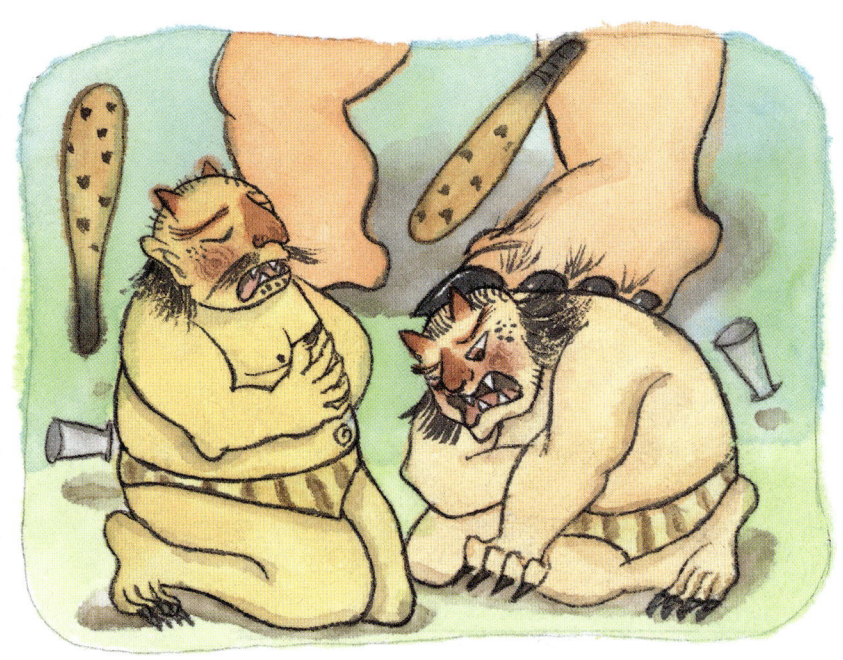

8 ～わけにはいかない ～(할) 수는 없다

[동사 기본형 · 부정형+わけにはいかない]

사회적인 통념이나 일반적인 상식으로 보아 해서는 안 되는 것, 불가능한 것을 나타낸다.

今(いま)この仕事(しごと)をやめるわけにはいかない。

지금 이 일을 그만둘 수는 없다.

たおされた鬼たちは、情けない声で、大将に助けを求めました。

　大鬼は、ひときわ太くて長い金ぼうを手に持って、のっしのっしと桃太郎に近づいてきました。

　でも、桃太郎はおそれる様子もありません。ひらりと飛び上がると、鬼の金ぼうをふりはらい、背中に飛びかかりました。目にもとまらぬ早さです。

　そして、鬼の首根っこをつかむと、ぎりぎりとしめつけました。

　「痛い、痛い、やめてくれ。命だけは助けてくれ。」

　「村人からぬすんだたからを全部返せ。さらった人たちを返せ。さもないと、この首をねじ切ってやるぞ。」

쓰러진 도깨비들은 한심한 목소리로 대장에게 도움을 구했습니다.

대장 도깨비는 한층 더 굵고 긴 도깨비방망이를 손에 들고 육중하게 모모타로에게 다가왔습니다.

하지만 모모타로는 두려워하는 기색도 없습니다. 훌쩍 뛰어오르더니 도깨비의 방망이를 뿌리치며 등으로 덤벼들었습니다. 눈으로 볼 수 없는 빠르기입니다.

그리고 도깨비의 목덜미를 잡더니 으드득 으드득 세게 죄었습니다.

"아야, 아야, 그만 해. 목숨만은 살려다오."

"마을 사람들에게서 훔친 보물을 전부 돌려주어라. 납치해 간 사람들을 돌려줘. 그렇지 않으면 이 목을 비틀어 잘라 주마."

☐ 情(なさ)けない 한심하다
☐ 助(たす)け 도움, 구조
☐ 求(もと)める 요구하다, 요청하다
☐ ひときわ 한층 더, 유달리
☐ のっしのっしと 몸이 무거운 것이 천천히 걷는 모양, 육중하게
☐ おそれる(恐れる) 두려워하다, 겁내다
☐ ふりはらう(振り払う) 뿌리치다
☐ 背中(せなか) 등
☐ 飛(と)びかかる 날아들다, 덤벼들다
☐ 目にもとまらぬ (너무 빨라서) 눈으로 볼 수 없는

☐ 首(くび)根(ね)っこ 목덜미
☐ つかむ 잡다, 쥐다
☐ ぎりぎりと 힘을 주어 둘러 감는 모양, 으드득 으드득
☐ しめつける 단단히 죄다, 세게 조르다
☐ 命(いのち) 목숨, 생명
☐ 助(たす)ける 살리다, 구조하다
☐ ぬすむ(盗む) 훔치다
☐ ねじ切(き)る 비틀어 자르다, 비틀어 끊다

「わかった。言うとおりにする。もう悪いことは絶対にしない。二度と村をおそったりしない。たからも全部、持って行ってくれ。」

鬼の大将は、なみだを流してわびました。

「約束をやぶったらただではおかないぞ。わかったな。」

桃太郎は、鬼の首根っこをようやく放してやりました。

「さあ、みんな、村へ帰ろう。」

家来の三匹も、助けられた人々も、大喜びです。

桃太郎たちを乗せた船は、すべるように進みました。

"알았다. 말한 대로 하지. 더 이상 못된 짓은 절대로 하지 않겠다. 두 번
다시 마을을 덮치거나 하지 않겠다. 보물도 전부 갖고 가거라."
대장 도깨비는 눈물을 흘리며 사죄했습니다.
"약속을 어긴다면 가만 두지 않을 테다. 알겠느냐."
모모타로는 도깨비의 목덜미를 그제야 놓아 주었습니다.
"자, 모두들 마을로 돌아가자."
세 마리의 부하도 구조된 사람들도 아주 기뻐합니다.
모모타로 일행을 태운 배는 미끄러지듯 나아갔습니다.

□ おそう 덮치다, 습격하다
□ なみだを流(なが)す 눈물을 흘리다
□ わびる 사죄하다, 사과하다
□ 約束(やくそく)をやぶる 약속을 어기다
□ ただではおかない 가만 두지 않다

□ ようやく 그제야, 겨우
□ 放(はな)す 놓아 주다, 풀어 주다
□ 乗(の)せる 태우다, 싣다
□ すべる 미끄러지다

113

何日もたって、ようやく岸にこぎ着くと、大ぜいの村人が出迎えに来ていました。桃太郎の帰りを今日か明日かと、首を長くして待っていたのです。

さらわれたむすめや子どもにまた会えた村人たちは、なみだを流して喜びました。

たから物を取り返してもらった人たちも、拍手で桃太郎を迎えました。

鬼からうばったたからは、それでもありあまるほどでした[9]。

桃太郎は、そのたからをみんなに分けあたえました。そして、桃太郎たちは、いつまでもゆたかに、幸せに暮しました。

☐ 大(おお)ぜい　많은 사람, 여럿, 여러 사람
☐ こぎ着(つ)く　(노를 저어) 도착하다, 닿다
☐ 出迎(でむか)える　마중하다, 나가서 맞이하다
☐ 〜か〜かと　〜(인)가 〜(인)가 하고
☐ 首(くび)を長(なが)くして待(ま)つ　학수고대하다

☐ 拍手(はくしゃ)　박수
☐ ありあまる　남아돌다
☐ 分(わ)けあたえる　나누어 주다
☐ ゆたかだ(豊かだ)　풍족하다, 풍부하다

며칠이 지나 드디어 해안에 도착하니 수많은 마을 사람들이 마중을 와 있었습니다. 모모타로가 돌아오기를 이제나저제나 학수고대하고 있었던 것입니다.

납치당한 딸과 아이들을 다시 만난 마을 사람들은 눈물을 흘리며 기뻐했습니다.

보물을 돌려받은 사람들도 박수로 모모타로를 맞았습니다.

도깨비로부터 빼앗은 보물은 그래도 남아돌 정도였습니다.

모모타로는 그 보물을 모두에게 나누어 주었습니다. 그리고 모모타로 일행은 언제까지나 풍족하고 행복하게 살았습니다.

---

9 **～ほどだ ～정도(만큼)이다** [동사 · い형용사 보통형, な형용사な+ほどだ]
앞에 서술한 사항이 어느 정도인지를 구체적으로 예를 들어 설명할 때 쓴다.

映画(えいが)はなんどでも見(み)たいほどおもしろかった。
영화는 몇 번이라도 보고 싶을 정도로 재미있었다.

1 다음 ⬭에서 알맞은 말을 골라 ◯ 안에 써 넣으세요.

> 보기   は   の   と   へ

❶ 持って帰って、おじいさん ◯ いっしょに食べましょう。

❷ 鬼の大将 ◯ 登場です。

❸ 命だけ ◯ 助けてくれ。

❹ さあ、みんな、村 ◯ 帰ろう。

2 다음 ⬭에서 가장 알맞은 말을 골라 (   ) 안에 써 넣으세요.

> 보기   さっと   さっそく   ずいぶん

❶ 子分を(   )痛めつけてくれたようだな。

❷ おじいさんが帰ってくると、二人は(   )、桃を切って
みることにしました。

❸ キジは(   )飛び立ち、空を一回りすると、船にもどっ
てきました。

3 「桃太郎」を読み다음 ( ) 안에 들어갈 알맞은 말을 찾아 넣으세요.

❶ 猿は(   )とさくを上ると、内側からカギを外しました。

원숭이는 <u>스르르 스르르</u> 울타리를 올라가더니 안쪽에서 열쇠를 풀었습니다.

❷ 鬼たちは、太い金ぼうを(   )ふり回しました。

도깨비들은 굵은 도깨비방망이를 붕붕 휘둘렀습니다.

❸ 大鬼は(   )と桃太郎に近づいてきました。

대장 도깨비는 육중하게 모모타로에게 다가왔습니다.

❹ 桃太郎は鬼の首根っこをつかむと、(   )としめつけました。

모모타로는 도깨비의 목덜미를 잡더니 으드득 으드득 세게 죄었습니다.

4 다음 문장을 우리말로 옮겨 보세요.

❶ これはこれは、なんと大きな桃でしょう。

→ _____

❷ しばらく行くと、草むらから大きな犬が飛び出してきました。

→ _____

❸ これから私は鬼退治に行くところだ。

→ _____

かぐやひめ

　昔々、あるところに、おじいさんとおばあさんが
住んでいました。

　おじいさんは裏山で竹を取って、ざるやかごを
作り、つましく暮していました。そのため、村の人
たちからは、「竹取のおじいさん」と呼ばれていま
した。

☐ 竹(たけ) 대나무
☐ 取(と)る 잡다, 따다, 취하다
☐ ざる 소쿠리
☐ かご 바구니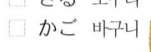

☐ つましい 검소하다
☐ 呼(よ)ばれる 불리다, 불려지다 〈呼ぶ의 수
　동형〉

옛날 옛날, 어느 곳에 할아버지와 할머니가 살고 있었습니다.

할아버지는 뒷산에서 대나무를 베어 소쿠리나 바구니를 만들며 검소하게 살고 있었습니다. 그 때문에 마을 사람들로부터 '대나무 베는 할아버지'라고 불렸습니다.

ある日、いつものようにおじいさんが竹を取り
に行くと、一本＊だけみきが光っている竹を見つけ
ました。

「なんと美しい竹だろう。この竹をあんだら、さ
ぞかし美しいかごができるにちがいない。」

おじいさんは、光る竹を注意深く切りました。す
ると、節の中に、小さなかわいい女の子がちょこん
と座っていました。

「これはこれは、なんともかわいいむすめだ。連
れて帰ったら、きっとおばあさんが喜ぶだろう。」

- みき(幹) 줄기
- 光(ひか)る 빛나다
- 見(み)つける 발견하다, 찾아내다
- 美(うつく)しい 아름답다
- あむ(編む) 엮다, 짜다, 뜨다
- さぞかし 분명, 필시
- 注意深(ちゅういぶか)い 조심스럽다, 주의 깊다
- 切(き)る 자르다, 베다
- 節(ふし) 마디
- かわいい 귀엽다, 사랑스럽다, 예쁘장하다
- 座(すわ)る 앉다
- ちょこんと 우두커니 앉아 있는 모양
- なんとも 참으로, 정말
- むすめ(娘) 처자, 딸
- 連(つ)れて帰(かえ)る 데리고 돌아가다
- ～たら ～(하)면
- きっと 분명, 필시

120

어느 날, 평소처럼 할아버지가 대나무를 하러 가서, 한 그루만 줄기가 빛나고 있는 대나무를 발견했습니다.

"정말 아름다운 대나무구먼. 이 대나무를 엮으면 분명 예쁜 바구니를 만들 수 있을 거야."

할아버지는 빛나는 대나무를 조심스럽게 잘랐습니다. 그러자 마디 안에 작고 귀여운 여자아이가 오도카니 앉아 있었습니다.

"이거 정말, 참으로 귀여운 처자구나. 데리고 돌아가면 분명 할멈이 기뻐할 거야."

* ~本(ほん・ぽん・ぼん) ~자루, ~그루, ~편
가늘고 긴 것을 셀 때 쓰는 조수사.

いっぽん	にほん	さんぼん	よんほん
ごほん	ろっぽん	ななほん	はっぽん
きゅうほん	じゅっぽん	なんぼん	

おじいさんとおばあさんには、子どもがいなかったので、竹から生まれた女の子を、二人のむすめとして育てることにしました。

　女の子は、まるで若竹がのびるように、すくすく育ちました。三ヶ月もすると、もう一人前のむすめになり、かぐやひめと名づけられました。

　かぐやひめが家に来てから、おじいさんがいつものように裏山に竹を取りに行くたびに、節の中から黄金が出てきました。

할아버지와 할머니에게는 자식이 없었기 때문에, 대나무에서 태어난 여자 아이를 두 사람의 딸로 키우기로 했습니다.

여자아이는 마치 어린 대나무가 자라듯이 쑥쑥 자랐습니다. 석 달이 지나자 벌써 어엿한 처녀가 되어 카구야히메라고 이름 지었습니다.

카구야히메가 집에 오고 나서부터, 할아버지가 평소처럼 뒷산에 대나무를 베러 갈 때마다, 마디 안에서 황금이 나왔습니다.

おかげでおじいさんとおばあさんは、少しずつ

お金持ちになっていきました。

　大人になったひめは、ますます美しく光りかが

やくようでした。かぐやひめは一歩も外に出ずに

暮していましたが、その美しさは、人々の噂の的にな

りました。老いも若きも、金持ちもまずしい人も、

身分の高い人も低い人も、かぐやひめをひと目見た

いと、行列をつくるほどでした。

덕분에 할아버지와 할머니는 조금씩 부자가 되어 갔습니다.

성인이 된 카구야히메는 점점 아름답고 눈이 부실 듯했습니다. 카구야히메는 밖으로 한 발자국도 나가지 않고 살았지만, 그 아름다움은 사람들의 소문거리가 되었습니다. 노인도 젊은이도, 부자도 가난한 사람도, 신분이 높은 사람도 낮은 사람도 카구야히메를 한번 보고 싶다며 줄을 설 정도였습니다.

かぐやひめを妻に迎えたいという人が、たくさ
ん家におしかけました。中でも、五人の男たちは、
ことのほか熱心に求婚してきました。

竹取のおじいさんは、かぐやひめに言いました。
「五人のお方は、どなたもりっぱな殿方です。こ
の中のどなたかと結婚すれば、ひめは幸せになれ
るのではないですか？」

☐ 妻(つま)に迎(むか)える　아내로 맞이하다
☐ おしかける　몰려들다, 달려들다
☐ ことのほか　대단히, 매우
☐ 熱心(ねっしん)に　열심히
☐ 求婚(きゅうこん)する　구혼하다
☐ (お)方(かた)　분

☐ 殿方(とのがた)　신분이 높은 사람을 이르는
　존칭
☐ ～ば　(활용어의 가정형에 붙어) ～(이)라면,
　～(한)다면 〈가정 조건을 나타냄〉
☐ 幸(しあわ)せになる　행복해지다

카구야히메를 아내로 맞이하고 싶다는 사람이 많이 집으로 몰려왔습니다.
그중에서도 다섯 남자들은 대단히 열심히 구혼을 해 왔습니다.
대나무 베는 할아버지는 카구야히메에게 말했습니다.
"다섯 분은 어느 분이나 훌륭한 분입니다. 이 중의 어느 분과 결혼한다
면 카구야히메는 행복해질 수 있지 않을까요?"

「おとうさまがおっしゃるなら、そうしましょう。

ただ、どなたが一番、私を深く思ってくださるか、

確めたいと思います。」

「どうやってたしかめようというのですか?」

「私がお願いするものを見せてくれた方こそ[1]、深

く私を思ってくださる方です。もしその願いをか

なえてくれたら、その人のところへとつぎます。」

五人の男たちは、自分こそがかぐやひめの望み

をかなえてみせる、と約束しました。

☐ おとうさま　아버님 〈おとうさん보다 예의
　　를 차려 부르는 말〉
☐ おっしゃる　말씀하시다 〈言う의 존경어〉
☐ ただ　다만, 단지
☐ 深(ふか)い　깊다
☐ 確(たしか)める　확인하다, 분명히 하다

☐ 見(み)せる　보이다, 내보이다
☐ もし　만약
☐ かなえる　들어주다, 이루어주다
☐ とつぐ　시집가다
☐ 望(のぞ)み　바람, 희망
☐ ～てみせる　～해 보이다

"아버님께서 이르시면 그렇게 하겠습니다. 다만 어느 분이 가장 저를 깊이 생각해 주실지 확인하고 싶습니다."

"어떻게 확인하겠다는 것입니까?"

"제가 부탁드리는 것을 보여준 분이야말로 저를 깊이 생각해 주실 분입니다. 만약 그 소원을 들어준다면 그 사람에게 시집가겠습니다."

다섯 남자들은 자신이야말로 카구야히메의 소망을 이루어 보이겠다고 약속했습니다.

---

1 **～こそ ～야말로** [명사+こそ]
여러 것 중에서 하나를 들어 강조할 때 쓴다.

君(きみ)こそえいゆう(英雄)だ。 너야말로 영웅이야.

一人目は石作りのみこです。

かぐやひめは言いました。

「あなた様には、てんじくのほとけの石ばちを

取ってきていただきたい² と思います。」

石作りのみこは、

「必ず持ってきます。」

と言って出発しました。けれども、

「てんじくにもたったひとつしかないはちだから、

わざわざ行っても、持って帰れるかどうかわか

らない。行くだけむだではないだろうか。」

と考えました。

□ 〜目(め) 〜째 〈순서・순번을 나타냄〉
□ みこ(皇子) 천황의 자녀를 높여 부르는 말, 천황의 아들
□ てんじく(天竺) 천축, 옛날에 인도를 가리키던 말
□ ほとけ(仏) 부처(님)
□ 石(いし)ばち 돌그릇 〈はち(鉢) 스님의 공양그릇, 대접, 화분〉
□ たったひとつ 단 하나, 오직 하나
□ 〜しか 〜밖에 〈뒤에 부정 표현이 옴〉
□ わざわざ 일부러
□ むだだ(無駄だ) 소용없다, 헛되다
□ 考(かんが)える 생각하다

첫 번째는 이시즈쿠리노미코입니다

카구야히메는 말했습니다.

"당신은 천축의 부처님 공양그릇을 가져다 주었으면 좋겠습니다."

이시즈쿠리노미코는

"반드시 갖고 오겠습니다."

라고 말하고 출발했습니다. 하지만

'천축에도 오직 하나밖에 없는 공양그릇이라 일부러 가도 갖고 돌아올 수 있을지 어떨지 모른다. 가는 만큼 소용없지 않을까?'

라고 생각했습니다.

---

2 **〜ていただきたい   〜해 주었으면 좋겠다** [동사의 て형+いただきたい]

〜てもらいたい의 겸양표현으로, 상대방이 어떤 것을 해 주기를 바랄 때 쓴다. 문형 형태는 공손하지만, 강한 요구를 나타내는 경우가 많다.

ぜひあなたにも来(き)ていただきたい。 당신이 꼭 와 주면 좋겠어.

そこで、三年ほど旅に出たふりをして、大和の国の山寺にあった、古い石のはちを取ってきました。

「あなたのために、血を流すような努力をして見つけてきました。」

「ほとけさまの石のはちなのに、少しもかがやいていませんね。まるで山寺に放り出してあった[3]はちを持ってきたようです。このはちはお返ししますよ。」

石作りのみこは、ぶつぶつ言いながら、去っていきました。

- ☐ 旅(たび)に出(で)る　여행을 떠나다
- ☐ ～ふりをする　~척을 하다
- ☐ 大和(やまと)の国(くに)　야마토국 〈현재의 奈良(なら)현에 해당함〉
- ☐ 山寺(やまでら)　산사; 산속에 있는 절
- ☐ 古(ふる)い　낡다, 오래되다
- ☐ 血(ち)を流(なが)す　피를 흘리다
- ☐ 努力(どりょく)　노력

- ☐ 見(み)つける　발견하다, 찾다
- ☐ ～のに　~(인)데, ~(인)데도 〈역접 표현〉
- ☐ 少(すこ)しも　조금도
- ☐ かがやく(輝く)　빛나다, 반짝이다
- ☐ 放(ほう)り出(だ)す　팽개치다, 내던지다
- ☐ ぶつぶつ　투덜투덜
- ☐ 去(さ)る　사라지다, 떠나다

그래서 3년 정도 여행을 한 척을 하고는, 야마토국의 산사에 있던 낡은 돌
그릇을 갖고 왔습니다.
　"당신을 위해 각고의 노력 끝에 찾아왔습니다."
　"부처님의 돌로 된 공양그릇인데 조금도 빛나지 않군요. 마치 산사에 방치
되어 있던 그릇을 갖고 온 듯합니다. 이 그릇은 돌려드리겠습니다."
　이시즈쿠리노미코는 투덜거리면서 떠났습니다.

3　〜てある　〜(어)져 있다. [타동사 て형+ある]
　누군가가 한 어떤 행동의 결과로서 남아 있는 상태를 나타낸다.

　つくえの上(うえ)にはいつも辞書(じしょ)がおいてある。
　책상 위에는 늘 사전이 놓여 있다.

二人目は車持ちのみこです。

「あなた様は、蓬莱山の玉のえだを持ってきてく
ださい。」

とかぐやひめは言いました。

　みこは、蓬莱山がどこにあるか、わかりません
でした。

　そこで、いったん出発したように見せて、こっ
そり港にもどりました。そして、人目のつかないと
ころに金銀の細工師を呼びよせ、美しい玉のえだを
作るように命じました。

□ 蓬莱山(ほうらいさん)　봉래산, 중국 전설에
　서 선인들이 산다는 가상의 산
□ 玉(たま)　구슬
□ えだ(枝)　가지
□ いったん　일단
□ こっそり　몰래, 살짝
□ 港(みなと)　항구
□ そして　그리고, 그런 후에

□ 人目(ひとめ)　남의 눈〈人目につく 남의 눈
　에 띄다〉
□ 金銀(きんぎん)　금은〈金銀銅(きんぎんどう)
　금은동〉
□ 細工師(さいくし)　세공사
□ 呼(よ)びよせる　불러 모으다
□ 命(めい)じる　명(령)하다

134

두 번째는 쿠라모치노미코입니다.

"당신은 봉래산의 구슬 가지를 갖고 와 주십시오."

라고 카구야히메는 말했습니다.

왕자는 봉래산이 어디에 있는지 몰랐습니다.

그래서 일단 출발한 것처럼 보이고 몰래 항구로 되돌아왔습니다. 그리고 사람들 눈에 띄지 않는 곳에 금은 세공사를 불러 모아 아름다운 구슬 가지를 만들도록 명령했습니다.

細工師たちは、千日かけて、見事な玉のえだを
完成させました。みこは旅のいしょうに着替えて、

「たった今帰りました。」

とかぐやひめに玉のえだを差し出しました。

「いよいよこのみこと結婚しなければならない⁴

かもしれない⁵。」

かぐやひめが困っていると、数人の細工師が家
にやって来ました。

「約束どおり、玉のえだのお金をください。」

かぐやひめは、このえだがにせ物だと知って、
ホッとしました。

みこはすごすごと帰っていきました。

□ 見事(みごと)だ 훌륭하다, 멋지다
□ 完成(かんせい)させる 완성시키다
□ いしょう(衣装) 의상
□ 着替(きか)える (옷을) 갈아입다
□ 差(さ)し出(だ)す 내밀다
□ いよいよ 드디어
□ 困(こま)る 곤란하다
□ 数人(すうにん) 여러 명
□ お金(かね) 돈
□ にせ物(もの) 가짜, 모조
□ ホッとする 한숨 놓다, 안심하다
□ すごすご(と) 풀이 죽어, 맥없이

세공사들은 천 일을 들여 훌륭한 구슬 가지를 완성시켰습니다. 왕자는 여행 의상으로 갈아입고,

"이제 막 돌아왔습니다."

라고 카구야히메에게 구슬 가지를 내밀었습니다.

"드디어 이 왕자와 결혼해야만 할지도 몰라."

카구야히메가 난처해 하고 있는데, 여러 명의 세공사가 집으로 찾아왔습니다.

"약속대로 구슬 가지의 돈을 주십시오."

카구야히메는 이 가지가 가짜라는 것을 알고 안심했습니다.

왕자는 풀이 죽어 돌아갔습니다.

---

4 ～なければならない ～(하)지 않으면 안 된다, ～(해)야 한다
[동사 ない형+なければならない]
사회적인 상식에서 고려되어지는 의무를 나타낸다.

子(こ)どももきっぷを買(か)わなければなりません。
어린이도 표를 구입하지 않으면 안 됩니다.

5 ～かもしれない ～(일)지도 모른다
[동사 · い형용사 보통형, な형용사 어간, 명사+かもしれない]
말하는 사람의 추측을 나타내는 표현으로 ～にちがいない보다 확률이 낮다.

あしたは雨(あめ)が降(ふ)るかもしれない。 내일은 비가 올지도 모른다.

三人目はあべの右大臣でした。
さんにんめ　　　　　　　　うだいじん

「あなた様は、火ねずみの皮衣を探してきてくだ
　　　　　　　ひ　　　　　かわごろも　さが

さい。」

とかぐやひめは言いました。

　大金持ちの右大臣は、もろこしの商人にばくだ
　おおがね　も　　　　　　　　　　　　　しょうにん

いなお金を送り、火ねずみの皮衣を買いつけてくる
　　　　おく　　　　　　　　　　　　　　か

ようにたのみました。

　ようやく手に入れた皮衣は、美しい緑色をして
　　　　　て　い　　　　　　　　　　　みどりいろ

おり、毛の先は金色にかがやいていました。それを
　　　け　さき　きんいろ

見せられたかぐやひめは言いました。
み

□ 右大臣(うだいじん)　우대신〈일본 옛날 관직
　중 하나로 左大臣(さだいじん)의 아래임〉
□ 火(ひ)ねずみ　불쥐〈중국의 상상 속의 동물로
　화산 속에서 사는 흰 쥐로 가죽은 불에 넣어도 타
　지 않는다고 함〉
□ 皮衣(かわごろも)　가죽옷
□ 大金持(おおがねも)ち　갑부, 큰 부자
□ もろこし(唐土)　옛날 일본에서 중국을 가리키
　던 말
□ 商人(しょうにん)　상인

□ ばくだいだ　막대하다, 엄청나다
□ 送(おく)る　보내다, 송금하다
□ 買(か)いつける　(대량으로) 사들이다
□ たのむ(頼む)　부탁하다
□ ようやく　간신히, 가까스로, 겨우
□ 手(て)に入(い)れる　손에 넣다, 입수하다
□ 緑色(みどりいろ)　녹색
□ 毛(け)　털, 깃털, 양모
□ 先(さき)　끝, 앞, 선두
□ 金色(きんいろ)　금색〈銀色(ぎんいろ)은색〉

138

세 번째는 아베 우대신이었습니다.

"당신은 불쥐의 가죽옷을 찾아와 주세요."

라고 카구야히메는 말했습니다.

엄청난 부자인 우대신은 중국 상인에게 막대한 돈을 보내어 불쥐의 가죽옷을 사들여 오도록 부탁했습니다.

간신히 손에 넣은 가죽옷은 아름다운 녹색을 띠고 있고, 털끝은 금빛으로 빛나고 있었습니다. 그것을 본 카구야히메는 말했습니다.

「本物の皮衣は、火の中に入れても燃えないと聞きました。それどころか、いっそう美しく光りかがやくそうです[6]。ぜひこの皮衣を火に入れて見せてください。」

皮衣は火の中に入れたとたん、めらめらと音を立てて燃えてしまいました。

右大臣はしおしおとうなだれて帰って行きました。

□ 本物(ほんもの) 진짜, 진품
□ 火(ひ)の中(なか) 불속
□ 入(い)れる 넣다
□ それどころか 그러기는커녕, 그건커녕
□ いっそう 한층, 더욱더
□ ぜひ 꼭, 반드시
□ めらめら 불꽃이 타오르는 모양, 활활, 이글

이글
□ 音(おと)を立(た)てる 소리를 내다
□ しおしおと 풀이 죽어 기운이 없는 모양, 맥없이
□ うなだれる (실망·걱정·슬픔·부끄러움 등으로) 힘없이 고개를 떨구다

"진짜 가죽옷은 불속에 넣어도 타지 않는다고 들었습니다. 그러기는커녕 한층 아름답게 빛난다고 합니다. 부디 이 가죽옷을 불에 넣어 보여 주십시오."

가죽옷은 불 속에 들어가자마자 활활 소리를 내며 타 버렸습니다.

우대신은 맥없이 고개를 떨구고 돌아갔습니다.

6 　～そうだ　～(이)라고 하다

[동사·い형용사·な형용사·명사だ 보통형＋そうだ]

자신이 직접 얻은 정보가 아니라 남에게서 전해 들은 것을 말할 때 쓴다.

魚(さかな)を食(た)べると頭(あたま)がよくなるそうだ。

생선을 먹으면 머리가 좋아진다고 한다.

四人目はおおともの大納言でした。

「あなた様は、たつの首にある五色の玉を持って
きてください。」

大納言は、家来たちにたくさんのお金をわたして、
たつの玉を取ってくるように命じました。

しかし、家来たちはたつをおそれて、お金を持っ
たまま、にげてしまいました。

大納言は、しかたなく自分でたつを探しに出ま
した。ところが、船がおきに出ると、たちまちはげ
しいあらしにまきこまれてしまいました。

☐ 大納言(だいなごん) 차관 〈일본 옛날 관직명
　으로 左大臣(さだいじん), 右大臣아래 관직〉
☐ たつ(竜) 용
☐ 五色(ごしき) 오색, 다섯 가지 색
☐ 持(も)ってくる 갖고 오다
☐ わたす(渡す) 건네다, 주다

☐ ～と ～하자, ～하니
☐ たちまち 순식간에, 별안간
☐ はげしい(激しい) 세차다, 격렬하다
☐ あらし(嵐) 폭풍우
☐ まきこまれる(巻き込まれる) 휩쓸리다, 말
　려 들다

142

네 번째는 오토모의 차관이었습니다.

"당신은 용의 목에 있는 오색 구슬을 가져와 주세요."

차관은 신하들에게 많은 돈을 주고 용의 구슬을 가져오도록 명령했습니다.

하지만 신하들은 용을 두려워하여 돈을 가진 채 도망가 버렸습니다.

차관은 할 수 없이 직접 용을 찾으러 나섰습니다. 그런데 배가 먼 바다에 나가자 순식간에 세찬 폭풍우에 휩쓸리고 말았습니다.

「これはたつの神様のたたりだ。もう二度と、玉をうばおうなどと考えません。かぐやひめの願いなんて、もうどうでもいいことです。どうか命だけは助けてください。」

おおともの大納言はやっとの思いで浜にたどり着きました。

そして、そのまま、二度とかぐやひめのところへは訪れませんでした。

☐ 神様(かみさま) 신령님, 하느님 〈神의 높임말〉
☐ たたり 재앙, 지벌
☐ どうでもいい 어떻게 되어도 좋다, 상관없다

☐ やっとの思(おも)いで 가까스로, 겨우
☐ 浜(はま) 해변, 바닷가
☐ 訪(おとず)れる 찾다, 방문하다

"이것은 용신님의 지벌이다. 이제 두번 다시 구슬을 빼앗으려는 생각 같은
것은 하지 않겠습니다. 카구야히메의 부탁 따위 이제 어떻게 되어도 좋습
니다. 부디 목숨만은 살려 주십시오."
오토모 차관은 가까스로 해변에 이르렀습니다.
그리고는 그대로 두번 다시 카구야히메의 집을 찾지 않았습니다.

五人目は、石上の中納言でした。
(ごにんめ)　　(いそのかみ)　(ちゅうなごん)

「あなた様は、つばめが持っている子安貝をとっ
　　　　　　　　　　　　　　　　　　　(こやすがい)

てきてください。」

とかぐやひめは言いました。

つばめならば、遠くまで探しに行かなくてもい
　　　　　　　　(とお)

い[7]ので、中納言は自分が一番有利だと思いました。
　　　　　　　　(じぶん)　　　(ゆうり)

まず、人間が入れるかごとなわを用意しました。
　　　(にんげん)(はい)　　　　　　　　(ようい)

つばめの巣を見はっていて、今にも子どもを生みそ
　　　(す)(み)　　　　(いま)(こ)　　(う)

うになったら、かごを引っぱり上げてもらいます。
　　　　　　　　　　(ひ)　　(あ)

そして、巣に手を入れて、子安貝をとろうとしたの
　　　　　　(て)(い)

です。

☐ 中納言(ちゅうなごん)　차관 〈옛날 관직명으로 大納言보다 아래임〉
☐ つばめ　제비
☐ 子安貝(こやすがい)　자패 〈이 조개를 쥐고 힘을 주면 순산한다는 미신이 있음〉
☐ とる(捕る)　잡다, 채집하다
☐ ～ならば　～(이)라면
☐ 有利(ゆうり)だ　유리하다

☐ 人間(にんげん)　인간, 사람
☐ 用意(ようい)する　준비하다
☐ 巣(す)　둥지
☐ 見(み)はる　망보다, 지키다
☐ 今(いま)にも　지금이라도, 당장
☐ 生(う)む　낳다
☐ 引(ひ)っぱり上(あ)げる　끌어올리다

다섯 번째는 이소노카미 차관이었습니다.

"당신은 제비가 갖고 있는 자패를 가져와 주세요."

라고 카구야히메는 말했습니다.

제비라면 멀리까지 찾으러 가지 않아도 되기 때문에 차관은 자신이 가장 유리하다고 생각했습니다.

먼저 사람이 들어갈 수 있는 바구니와 새끼줄을 준비했습니다. 제비 둥지를 망보고 있다가 금방이라도 새끼를 낳을 것 같으면 바구니를 끌어올리게 합니다. 그리고 둥지에 손을 넣어 자패를 잡으려고 한 것입니다.

7 ~なくてもいい ~(하)지 않아도 된다
[동사 ない형, い형용사 く형, な형용사 어간で, 명사で+なくてもいい]
'~할 필요가 없다'는 뜻을 나타낸다.

そんなことでいちいち悩(なや)まなくてもいいと思(おも)うよ。
그런 일로 일일이 고민하지 않아도 괜찮아.

ところが、巣に手を入れたとたん、かごが大きく
ゆれて中納言は真っさかさまに落ちてしまいまし
た。中納言は、大けがをして、二度と立てなくなっ
てしまいました。

　こうして五人の男たちは、かぐやひめをあきらめ
るしかありませんでした。

　そのうち、かぐやひめの美しさはみかどの耳にも
入り、

「ぜひおきさきに迎えたい。」

と言っていました。

　けれども、かぐやひめは喜ぶ様子もありません。
それどころか、月を見て、泣いてばかりいます。[8]

그런데 둥지에 손을 넣은 순간 바구니가 크게 흔들려 차관은 곤두박이치고 말았습니다. 차관은 크게 다쳐 두번 다시 일어설 수 없게 되어 버렸습니다.

이렇게 해서 다섯 남자들은 카구야히메를 포기할 수밖에 없었습니다.

머지않아 카구야히메의 아름다움은 천황의 귀에도 들어가

"꼭 황후로 맞이하고 싶다."

고 했습니다.

하지만 카구야히메는 기뻐하는 기색도 없습니다. 그러기는커녕 달을 보며 울고만 있습니다.

---

8 **~てばかりいる ~만 하다** [동사 て형+ばかりいる]

같은 것을 여러 번 반복하거나 항상 같은 상황인 것을 비판적으로 말할 때 쓴다.

弟(おとうと)はいつも遊(あそ)んでばかりいる。 남동생은 늘 놀기만 한다.

おばあさんは心配になって、かぐやひめに聞きました。

「何か心配事でもあるのですか?」

かぐやひめは言いました。

「実は、私は月の都からまいりました。えんがあって、この国にまい降りてきましたが、八月十五日には、月に帰らなければなりません。」

「なんということでしょう。大事なひめと別れることなど、できるはずがありません⁹。」

おじいさんとおばあさんは、みかどにおすがりして、ひめを守ってもらうことにしました。

- □ 心配(しんぱい)になる 걱정이 되다
- □ 心配事(しんぱいごと) 걱정거리
- □ 実(じつ)は 실은, 사실은
- □ 月(つき) 달
- □ えん(縁) (인)연
- □ まい降(お)りる (가볍게) 내려앉다
- □ 別(わか)れる 헤어지다, 이별하다
- □ すがる 매달리다, 의지하다, 기대다

할머니는 걱정이 되어 카구야히메에게 물었습니다.

"무슨 걱정거리라도 있느냐?"

카구야히메는 말했습니다.

"실은 저는 달의 수도에서 왔습니다. 연이 있어 이 나라로 내려왔습니다만,
8월 15일에는 달로 돌아가야만 합니다."

"무슨 소리예요? 소중한 카구야히메와 이별이라니, 그럴 수는 없어요."

할아버지와 할머니는 천황에게 의지해 카구야히메를 지켜 달라고 하기로
했습니다.

9 ～はずがない ～(할) 리가 없다, ～(일) 리가 없다
　[동사·い형용사의 보통형, な형용사な, 명사の, こんな·そんな+はずがない]
　말하는 사람의 강한 확신을 나타낸다.

　一ヶ月(いっかげつ)で十(じゅっ)キロもやせられるはずがない。
　한 달에 10킬로그램이나 살이 빠질 리가 없다.

八月十五日、満月の夜。月の使者が天からまい降りてきました。

ひめを守るみかどの兵士たちは、矢をいようとしました。けれども、矢は次々と折れ、月の使者には届きません。

「おじいさん、おばあさん。長い間お世話になりました。」

かぐやひめは、なみだながらにそう言うと、みかどあての手紙と不老不死の薬をおじいさんに手わたしました。そして、使者が持ってきた羽衣を着ると、月へ帰って行きました。

☐ 満月(まんげつ) 보름달, 만월
☐ 使者(ししゃ) 사자
☐ 兵士(へいし) 병사, 군인
☐ 矢(や)をいる 화살을 쏘다
☐ 折(お)れる 부러지다, 꺾이다
☐ 届(とど)く 닿다, 도달하다
☐ 長(なが)い間(あいだ) 오랫동안
☐ お世話(せわ)になる 신세지다, 폐를 끼치다

☐ なみだ(涙)ながら 눈물을 흘리면서
☐ ～あて ～앞〈사람・단체・장소 등을 나타내는 말에 붙어 수신인이나 수신처를 나타냄〉
☐ 手紙(てがみ) 편지
☐ 不老不死(ふろうふし) 불노불사
☐ 手(て)わたす 물건 등을 자신의 손으로 상대방에게 직접 건네다
☐ 羽衣(はごろも)を着(き)る 날개옷을 입다

152

8월 15일, 보름달이 뜬 밤. 달의 사자가 하늘에서 내려왔습니다.

아가씨를 지키는 천황의 병사들은 화살을 쏘려고 했습니다. 하지만 화살은 차례차례 부러져 달의 사자에게는 닿지 않습니다.

"할아버지, 할머니. 오랫동안 신세를 졌습니다."

카구야히메는 눈물을 흘리면서 이렇게 말하고는, 천황에게 보내는 편지와 불로불사의 약을 할아버지에게 건넸습니다. 그리고 사자가 갖고 온 날개옷을 입고는 달로 돌아갔습니다.

かぐやひめの最後(さいご)の手紙を読(よ)んだみかどはなみだを流(なが)し、家来(けらい)に命(めい)じて、不老不死の薬を山の上(うえ)で燃(も)やしてしまいました。

かぐやひめのいない世(よ)の中(なか)で、長生(ながい)きしてもしかたないと思ったからです。

薬を燃やしたけむりは、月まで届(とど)くように、どこまでもどこまでも高(たか)く上(あ)がっていきました。

そして、薬を燃やした山は、不死の山……富士(ふじ)の山と呼ばれるようになりました。

□ 最後(さいご) 마지막
□ 燃(も)やす 태우다
□ 世(よ)の中(なか) 세상

□ 長(なが)生(い)きする 장수하다, 오래 살다
□ けむり(煙) 연기
□ どこまでも 한없이, 어디까지나

154

카구야히메의 마지막 편지를 읽은 천황은 눈물을 흘리며 신하에게 명하여 불로불사의 약을 산 위에서 태워 버렸습니다.

카구야히메가 없는 세상에서 오래 살아 보았자 쓸모없다고 생각했기 때문입니다.

약을 태운 연기는 달까지 닿을 듯이 한없이 한없이 높이 올라갔습니다.

그리고, 약을 태운 산은 불사의 산……후지산으로 불리게 되었습니다.

☑ **CHECK UP**　　「かぐやひめ」의 내용을 상기하면서 풀어 보기 바랍니다.

---

1 다음 문장을 읽고 우리말로 옮겨 보세요.

❶ この竹をあんだら、さぞかし美しいかごができるにちがいない。

→ _____

❷ 女の子は、まるで若竹がのびるように、すくすく育ちました。

→ _____

❸ もしその願いをかなえてくれたら、その人のところへとつぎます。

→ _____

2 다음 ⬭에서 알맞은 말을 골라 문장을 완성하세요.

> 보기　　～なくてもいい　　　～なければならない
> 　　　　～ばかりいる　　　　～いただきたい

❶ あなた様には、てんじくのほとけの石ばちを

（　　　　　　　　　　　　　　　　　　　　　）。［取ってくる］

❷ いよいよこのみこと（　　　　　　　　　　　　　）。
［結婚する］

❸ かぐやひめは、月を見て（　　　　　　　　　　　）。
［泣く］

❹ つばめならば、遠くまで探しに（　　　　　　　　）。
［行く］

156

3 「かぐやひめ」의 이야기 흐름에 맞게 순서를 배열하세요.

(→ → →)

❶ おじいさんは一本だけみきが光っている竹を見つけました。

❷ かぐやひめは使者が持ってきた羽衣を着ると、月へ帰って行きました。

❸ かぐやひめが家に来てから、おじいさんが竹を取りに行くたびに、節の中から黄金が出てきました。

❹ かぐやひめを妻に迎えたいという人が、たくさん家におしかけました。

4 かぐやひめが 다섯 명의 남자에게 원한 것은 각각 무엇인지 인물과 소원을 바르게 연결하세요.

❶ あべの右大臣 • • ほとけの石のはち

❷ 石作りのみこ • • たつの首にある五色の玉

❸ おおともの大納言 • • つばめが持っている子安貝

❹ 石上の中納言 • • 蓬莱山の玉のえだ

❺ 車持ちのみこ • • 火ねずみの皮衣

157

CHECK UP 해답

해답 및 번역도 함께 실었습니다.

一寸法師

1
❶ 부모님은 놀라 잇슨보시를 말렸습니다.
❷ 어려운 서적도 금방 읽을 수 있게 되었습니다.
❸ 아가씨는 키요미즈데라에 참배하러 가게 되었습니다.

2
❶ しか
이 아이는 키가 새끼손가락 정도밖에 되지 않았습니다.
❷ なんと
몸은 이렇게 작지만 얼마나 귀여운 아기예요.
❸ はるか
마을의 한가운데를 지나고 있는 강이 아득히 멀리까지 흐르고 있는 것이 보였습니다.

3
❶ あって
커다란 절과 저택이 있고, 많은 사람이 살고 있지.
❷ 見送り
부모님은 밥그릇 배가 보이지 않을 때까지 강가에 서서 배웅했습니다.
❸ 集められ
대신의 신하 중에서도 힘에 자신이 있는 무사들이 모여졌습니다.

4
❶ ×
잇슨보시는 밥을 많이 먹고 곧 자랐습니다.
❷ ×
잇슨보시는 산 저편의 토쿄에 가고 싶어졌습니다.
❸ ○
잇슨보시는 강에 띄운 밥그릇 배를 타자 젓가락 노로 젓기 시작했습니다.
❿ ○
잇슨보시는 아가씨를 나쁜 도깨비로부터 지켰습니다.

かちかち山

1
❶ どんどん

너구리는 앞장 서서 척척 산을 올라갔습니다.

❷ つい

마음씨 착한 할머니는 그만 새끼줄을 풀고 말았습니다.

❸ こっそり

할아버지가 심은 밭의 모종도 밤중에 몰래 파헤쳐 버립니다.

2
❶ にがしてやったら　　　　　　ウサギがかけつけました。
❷ その泣き声を聞いて　　　　　ダメですよ。
❸ そうやってだまそう　　　　　また悪さをするだろう。
　　としても

❶ 놓아주면 또 못된 짓을 할거요.
❷ 그 울음소리를 듣고 토끼가 달려왔습니다.
❸ 그렇게 속이려고 해도 소용없어.

3
❶ それでもタヌキは、悲しそうな声でたのみ続けました。
❷ ウサギは、すぐ後ろを付いていきました。
❸ ウサギは、タヌキのところへ見まいに行きました。
❹ 実を言うと、それは、薬ではありませんでした。

4
❶ ×

마음씨 좋은 할머니는 너구리를 친자식처럼 귀여워했습니다.

❷ ○

너구리는 할머니가 처마 끝에 말려 둔 무도 으드득으드득 갉아 못 쓰게 만들어 버렸습니다.

❸ ○

토끼는 판자로 배를 만들고, 너구리는 진흙으로 배를 만들었습니다.

1　❶ と
　　갖고 돌아가서 할아범과 함께 먹어야지.

　　❷ の
　　도깨비 대장의 등장입니다.

　　❸ は
　　목숨만은 살려다오.

　　❹ へ
　　자, 모두들 마을로 돌아가자.

2　❶ ずいぶん
　　부하들을 제법 혼내준 모양이구나.

　　❷ さっそく
　　할아버지가 돌아오자 두 사람은 당장 복숭아를 잘라 보기로 했습니다.

　　❸ さっと
　　꿩은 재빨리 날아올라 하늘을 한 바퀴 돌더니 배로 돌아왔습니다.

3　❶ するする
　　❷ ぶんぶん
　　❸ のっしのっし
　　❹ ぎりぎり

4　❶ 이건 정말, 참으로 큰 복숭아구나.
　　❷ 얼마를 가니 풀숲에서 커다란 개가 튀어나왔습니다.
　　❸ 지금부터 나는 도깨비를 물리치러 가려는 참이야.

かぐやひめ

1　❶ 이 대나무를 엮으면 분명 예쁜 바구니를 만들 수 있을 거야.
　　❷ 여자아이는 마치 어린 대나무가 자라듯이 쑥쑥 자랐습니다.

❸ 만약 그 소원을 들어준다면 그 사람에게 시집가겠습니다.

2 ❶ 取ってきていただきたい
당신은 천축의 부처님 공양그릇을 가져다 주었으면 좋겠다.

❷ 結婚しなければならない
드디어 이 왕자와 결혼해야만 한다.

❸ 泣いてばかりいる
카구야히메는 달을 보며 울고만 있다.

❹ 行かなくてもいい
제비라면 멀리까지 찾으러 가지 않아도 된다.

3 ① → ③ → ④ → ②

❶ 할아버지는 한 그루만 줄기가 빛나고 있는 대나무를 발견했습니다.

❷ 카구야히메는 사자가 갖고 온 날개옷을 입고는 달로 돌아갔습니다.

❸ 카구야히메가 집에 오고 나서부터, 할아버지가 대나무를 베러 갈 때마다, 마디 안에서 황금이 나왔습니다.

❹ 카구야히메를 아내로 맞이하고 싶다는 사람이 많이 집으로 몰려왔습니다.

4 ❶ あべの右大臣   ほとけの石のはち
❷ 石作りのみこ   たつの首にある五色の玉
❸ おおともの大納言   つばめが持っている子安貝
❹ 石上の中納言   蓬莱山の玉のえだ
❺ 車持ちのみこ   火ねずみの皮衣

❶ 아베 우대신 ― 불쥐의 가죽옷
❷ 이시즈쿠리노미코 ― 부처님의 돌로 된 공양그릇
❸ 오오토모 차관 ― 용의 목에 있는 오색 구슬
❹ 이소노카미 차관 ― 제비가 갖고 있는 자패
❺ 쿠라모치노미코 ― 봉래산의 구슬 가지

다락원 일한 대역문고 – 초급7

일본옛날이야기
日本のむかしばなし

지은이 齊藤明美
펴낸이 정규도
펴낸곳 (주)다락원

초판 1쇄 발행 2007년 9월 7일
초판 6쇄 발행 2023년 7월 24일

편집국장 김현자
책임편집 이경숙, 김윤희
디자인 서해숙, 이수민
일러스트 이선희

경기도 파주시 문발로 211
Tel: (02)736-2031 Fax: (02)732-2037
　　(내용문의: 내선 460~465 / 구입문의: 내선 250~252)
출판등록 1977년 9월 16일 제406-2008-000007호

ISBN 978-89-5995-350-9 18730   978-89-5995-296-0(set)

www.darakwon.co.kr
다락원 홈페이지를 통해 인터넷 주문을 하시면 자세한 어학 정보와 함께 다양한 혜택을 받으실 수 있습니다.